Theodor Fontane
Stationen eines Lebens

Max Liebermann
Porträt Theodor Fontane, 1896
Mit Autograph *Lebe zu lernen, lerne zu leben.
Th.Fontanne*

Bettina Machner

Theodor Fontane
Stationen eines Lebens

STIFTUNG STADTMUSEUM BERLIN

Stapp Verlag Berlin

Dieses Buch enstand in Zusammenarbeit mit der Stiftung
Stadtmuseum Berlin. Die Texte und Bilder stammen
aus der Theodor Fontane Ausstellung auf dem
Französischen Friedhof in der Liesenstraße 7 in Berlin-Mitte.
Die wissenschaftliche Konzeption der Dauerausstellung
erfolgte durch die Stiftung Stadtmuseum Berlin.
Gestaltet wurde die Ausstellung von Andreas Neumann, Berlin.
Die Einrichtung der Theodor Fontane Ausstellung und die
Restaurierungsarbeiten auf dem Französischen Friedhof
finanzierte die Deutsche Klassenlotterie.
Die Wiederherstellung des Friedhofes wurde vom
Landesdenkmalamt-Gartendenkmalpflege Berlin betreut.
Die Einweihung der Dauerausstellung erfolgte am 20.09.2010.

ISBN 978 3 87776 599 9

© Stapp Verlag Berlin 2012
Buchgestaltung: Andreas Neumann, Berlin
Druck: AZ Druck und Datentechnik GmbH, Allgäu und Berlin
Bindung: Stein + Lehmann, Berlin

1 Chronik. Kindheit und Jugend	8
1.1 Hugenottische Herkunft	12
1.2 Neuruppin	14
1.3 Swinemünde	16
1.4 Berlin	18
2 Chronik. Apotheker und Poet	20
2.1 Apotheker	24
2.2 Bei Kaiser Franz	26
2.3 Familie	28
2.4 Im Tunnel	30
3 Chronik. Der Journalist	32
3.1 Englische Korrespondenzen	36
3.2 Theaterkritiker	38
3.3 Kriegsberichterstatter	40
3.4 Akademiesekretär	42
4 Chronik. Wanderungen	44
4.1 Grafschaft Ruppin und Oderland	48
4.2 Havelland und Spreeland	50
4.3 Fünf Schlösser und Nachgelassenes	52
4.4 Vom Wanderer zum Romancier	54
5 Chronik. Der Erzähler	56
5.1 Romane	60
5.2 Frauengestalten	62
5.3 Der Stechlin	64
5.4 Arbeitsweise	66
6 Chronik. Der alte Fontane	68
6.1 Alterslyrik	72
6.2 Autobiographisches	74
6.3 Das Briefwerk	76
6.4 Potsdamer Straße 134c	78
7 Friedhof Liesenstraße	80
Rezeption	82
Zum Geleit	84
Abbildungsnachweis	86

Zander & Labisch
Theodor Fontane an seinem Schreibtisch sitzend, 1894

*Ohne Vermögen, ohne Familienanhang, ohne Schulung und Wissen, ohne robuste Gesundheit, bin ich ins Leben getreten, mit nichts ausgerüstet als einem poetischen Talent und einer schlecht sitzenden Hose. (Auf dem Knie immer Beutel). Und nun malen Sie sich aus, wie mir's dabei mit einer gewissen Naturnothwendigkeit ergangen sein muß. Ich könnte hinzusetzen mit einer gewissen preußischen Nothwendigkeit, die viel schlimmer ist als die Naturnothwendigkeit. [...]
Ich habe das Leben immer genommen, wie ich's fand und mich ihm unterworfen. Das heißt, nach außen hin; in meinem Gemüthe nicht.*
(An G. Friedlaender, 3.10.1893)

1 Chronik
Kindheit und Jugend

Unbekannter Künstler
Silhouetten der Eltern

1819   24. März
Heirat des Apothekers Louis Henri Fontane mit Emilie Labry in Berlin.

An einem der letzten Märztage des Jahres 1819 hielt eine Halbchaise vor der Löwen-Apotheke in Neuruppin, und ein junges Paar, von dessen gemeinschaftlichem Vermögen die Apotheke kurz vorher gekauft worden war, entstieg dem Wagen und wurde von dem Hauspersonal empfangen. Der Herr – man heiratete damals (unmittelbar nach dem Kriege) sehr früh – war erst dreiundzwanzig, die Dame einundzwanzig Jahr alt.

(Meine Kinderjahre)

30. Dezember
Heinrich Theodor Fontane wird zwischen 4 und 5 Uhr abends in Neuruppin geboren.

1820   27. Januar
Taufe in der Pfarrkirche Neuruppin.

1826   8. Juli
Theodor besucht eine der privaten Klippschulen. Wegen hoher Schulden muss Louis Fontane die Löwen-Apotheke in Neuruppin verkaufen.

Ostern 1819 hatte mein Vater die Neuruppiner Löwenapotheke in seinen Besitz gebracht, Ostern 1826, nachdem noch drei von meinen vier Geschwistern

an ebendieser Stelle geboren waren, gab er diesen Besitz wieder auf.
(Meine Kinderjahre)

1827　　　　　　　　27. Juni
Vom Erlös des Apothekenverkaufs erwirbt der Vater die bescheidenere Adler-Apotheke in Swinemünde. Im Sommer siedeln die Eltern mit den Kindern Theodor, Rudolf, Jenny und Max in das Provinzstädtchen an der Ostsee über.

Juli – September
Besuch der Volksschule in Swinemünde.

1828 – 1832
Privatunterricht bei den Eltern. Obwohl seit 1717 in Preußen die allgemeine Schulpflicht gilt, ist diese auch im ersten Drittel des 19. Jahrhunderts noch längst nicht überall durchgesetzt. Später wird Theodor im Hause eines Swinemünder Kommerzienrates gemeinsam mit dessen Kindern von einem Privatlehrer unterrichtet.

Dr. Lau, so hieß der neue Hauslehrer, war ein vorzüglicher Pädagog, weil er ein vorzüglicher Mensch war, und wenn ich [...] gesagt habe, daß ich eigentlich alles den Anekdoten meines Vaters zu verdanken hätte, so muß ich doch den guten Dr. Lau ausnehmen. Dieser verstand es auch, einem allerlei kleine Geschichten, woran eine Kinderseele hängt, zu vermitteln, aber weil er zugleich ein geschulter Mann war, so tat er das alles in Ordnung und Zusammenhang, und das bißchen Rückgrat, was mein Wissen hat, verdank ich ihm.

(Meine Kinderjahre)

Um 1830
Es entsteht die eigenhändige Niederschrift des vermutlich etwa elfjährigen Fontane, eine kindliche Nacherzählung der deutschen Geschichte: vom Tode Karls des Großen bis zur Krönung des ersten Hohenzollernkönigs und dem Beginn des Spanischen Erbfolgekrieges. Dieses älteste erhaltene Dokument Fontanes ist ein 88 Seiten umfassendes Schulheft, das in mit Marmorpapier bezogene Pappdeckel gebunden ist.

1832　　　　　　　　Ostern
Einschulung in die Quarta (entspricht der 8. Klasse) des Neuruppiner Gymnasiums mit dem strengen Rektor Thormeyer:

Ein mindestens sechs Fuß hoher alter Herr [...], gedunsen und rot bis in die Stirn

> hinauf, die Augen blau unterlaufen, das Bild eines Apoplektikus.
>
> (Meine Kinderjahre)

1833   Oktober

Eintritt in die Friedrichswerdersche Gewerbeschule von Karl Friedrich Klöden in Berlin. Theodor Fontane wohnt in der Schülerpension Badke, Wallstraße 73.

> *Diese Anstalt soll den Namen Berlinische Gewerbeschule führen und bestimmt sein, jungen Leuten, deren Vorkenntnisse und Verhältnisse es gestatten, für die zukünftige Betreibung von Gewerben eine wissenschaftliche und also eine höhere Vorbereitung zu verschaffen, als zum gewöhnlichen mechanischen Betreibe desselben erforderlich ist.*
>
> (Festschrift zum fünfzigjährigen Bestehen der Gewerbeschule, 1874)

1834

Ab Januar wohnt der Junge bei dem leichtsinnigen und lebenslustigen Onkel August, dem Halbbruder des Vaters, erst in der Burgstraße 18, ab Ostern 1835 in einem Neubau in der Großen Hamburger Straße 30/30a.

Nach dem Vorbild von Chamissos *Sales y Gomez* verfasst er ein Gedicht in Terzinen: *Die Schlacht bei Hochkirch,* das nicht überliefert ist.

1835

Erste Begegnung mit Georgine Emilie Rouanet-Kummer, seiner späteren Ehefrau. Sie wohnt im Nachbarhaus und ist die außereheliche Tochter des Militärarztes Georg Bosse und der Witwe Thérèse Rouanet. Emilie wurde 1827 von Rat Karl Wilhelm Kummer adoptiert und wächst als *damals ziemlich verwildertes Kind* ohne viel familiäre Geborgenheit auf. Bei dem fremdartig wirkenden Mädchen findet Theodor Fontane emotionale Zuwendung.

Kurz bevor Fontane die Schule verlässt, endet Onkel Augusts Berliner Leben in der Katastrophe. Er hatte ihm anvertraute Mündelgelder veruntreut. Um der Justiz zu entgehen, setzt er sich nach Amerika ab.

1836 **März**

Abgang von der Gewerbeschule mit dem Einjährigen-Zeugnis.

1. April

Beginn der Lehre in der Apotheke *Zum weißen Schwan* bei Wilhelm Rose.

Der Egoismus meines Vaters, der immer Geld hatte für Wein und Spiel, und nie für Erziehung und Zukunft seiner Kinder, hat schlimme Frucht getragen. Man ließ mich Apotheker werden, weil man das Geld verprassen wollte, was zur Ausbildung der Kinder hätte verwendet werden müssen [...]

(An Bernhard von Lepel, 5.10.1849)

20. Mai

In einer Einzelkonfirmation segnet Pastor Fournier die Brüder Theodor und Rudolph Fontane in der Französisch-Reformierten Kirche in der Klosterstraße in Berlin ein.

Kirchenbuch der Evangelisch-reformierten Gemeinde Neuruppin
Geburtseintrag, 1819

Kindheit und Jugend

1.1 Hugenottische Herkunft

Die französische Glaubensgemeinschaft wurde im 16. Jahrhundert in Frankreich stark unterdrückt. Erst mit dem Edikt von Nantes (1598) wird ihren Mitgliedern staatsbürgerliche Gleichberechtigung und freie Religionsausübung zugesichert. Als im Oktober 1685 Ludwig XIV. dieses Edikt wieder aufhebt, sind die Protestanten Frankreichs erneuter Verfolgung ausgesetzt. Friedrich Wilhelm von Brandenburg, der Große Kurfürst, gewährt den Réfugiés mit dem Toleranzedikt von Potsdam (1685) Aufnahme und wirtschaftliche Vergünstigungen. Bis 1700 lassen sich fast 14000 Flüchtlinge aus französischen Gebieten in Brandenburg nieder. Jacques Fontane, Strumpfwirker aus Nîmes im Languedoc, verlässt seine Heimat um 1694. Er heiratet 1697 in Berlin und wird damit erstmals in der Kolonistenliste nachgewiesen. Die Berliner französischer Herkunft sprechen den Namen Fontan aus.

Die Französisch-Reformierte Gemeinde zu Berlin feiert am 29. Oktober 1885 ihr 200jähriges Bestehen. Fontanes Sohn Theodor schreibt zum Jubiläum ein Festspiel, das an die Hugenottenkämpfe erinnert. Fontane selbst verfasst dazu einen Prolog, den die Berliner Schauspielerin Elisabeth Rachfall vorträgt:

Zweihundert Jahre, daß wir hier zu Land
Ein Obdach fanden, Freistatt für den Glauben,
Und Zuflucht vor Bedrängnis der Gewissen.
Ein hochgemuter Fürst, so frei wie fromm,
Empfing uns hier, und wie der Fürst des Landes
Empfing uns auch sein Volk [...]
(Prolog. Zur Feier des 200jährigen Bestehens der Französischen Kolonie. 1. November 1885)

F. Albert Schwartz
Heinrich IV. und das unterzeichnete Edikt von Nantes, 13. April 1598

F. Albert Schwartz
Die in der Stadt La Rochelle Zuflucht suchenden Hugenotten ergeben sich Ludwig XIII. in Gegenwart des Kardinals Richelieu, 29. Oktober 1628

F. Albert Schwartz
König Friedrich II. von Preußen begrüßt den gelähmten General de la Motte Fouqué im Garten zu Potsdam, 1763

F. Albert Schwartz
Apotheose, 1885

1.2 Neuruppin

Ruppin hat eine schöne Lage – See, Gärten und der sogenannte „Wall" schließen es ein.
(*Die Grafschaft Ruppin*)

Theodor Fontane wird am 30. Dezember 1819 in Neuruppin geboren. Seine Eltern sind Louis Henri Fontane, Königlich privilegierter Apotheker, und Emilie, geb. Labry. Das junge Ehepaar, das im März desselben Jahres geheiratet hat, lässt seinen Erstgeborenen auf den Namen Heinrich Theodor taufen.

In Neuruppin gehört dem Paar die gut gehende Löwen-Apotheke, die die Existenzgrundlage der jungen Familie bilden soll. Doch die geschäftliche Unerfahrenheit Louis Henri Fontanes, seine Leichtlebigkeit und Spielsucht zwingen schon nach wenigen Jahren zum Verkauf der Apotheke und zu einem Neuanfang anderswo.

Mein Vater war ein großer stattlicher Gascogner voll Bonhomie, dabei Phantast und Humorist, Plauderer und Geschichtenerzähler, und als solcher, wenn ihm am wohlsten war, kleinen Gasconnaden nicht abhold; meine Mutter andrerseits war ein Kind der südlichen Cevennen, eine schlanke, zierliche Frau von schwarzem Haar, mit Augen wie Kohlen, energisch, selbstsuchtslos und ganz Charakter, aber [...] von so großer Leidenschaftlichkeit, daß mein Vater, halb ernst-, halb scherzhaft von ihr zu sagen liebte: „Wäre sie im Lande geblieben, so tobten die Cevennenkriege noch."
(*Meine Kinderjahre*)

Johann Gabriel Poppel / Georg Michael Kurz nach Julius Gottheil
Neu Ruppin, um 1855

Helmut Raetzer
Porträt Louis Henri Fontane, 1859

Pierre Barthèlemy Fontane
Porträt Emilie Fontane, 1817

Unbekannter Künstler nach Carl Zopf
Die Löwen-Apotheke in Neuruppin, nach 1877

1.3 Swinemünde

Swinemünde war, als wir Sommer 1827 dort einzogen, ein unschönes Nest, aber zugleich auch wieder ein Ort von ganz besonderem Reiz.
(*Meine Kinderjahre*)

1827 erwirbt Louis Henri Fontane die Adler-Apotheke in Swinemünde und übersiedelt mit seiner Familie in das Provinzstädtchen an der Ostsee. Weil die Stadtschule der Mutter als zu wenig standesgemäß gilt, wird Theodor vorläufig zu Hause unterrichtet. Später nimmt der Knabe am Privatunterricht teil, den ein Swinemünder Kommerzienrat seinen Kindern erteilen lässt. Doch die Geographie- und Geschichtslektionen des Vaters und dessen *sokratische Methode* bleiben am prägendsten. Wichtig ist in der Rückerinnerung außerdem die Erfahrung, dass die Schulzeit eine Zeit *unausgesetzten Spielens* war. So wie seine Romanfigur Effi Briest liebt Fontane die Schaukel im Garten des Hauses:

Schöner aber als alles das war, für mich wenigstens, eine zwischen zwei Holzpfeilern angebrachte, ziemlich baufällige Schaukel. Der quer überliegende Balken fing schon an, morsch zu werden, und die Haken, an denen das Gestell hing, saßen nicht allzu fest mehr. [...] Dabei quietschten die rostigen Haken, und alles drohte zusammenzubrechen. Aber das gerade war die Lust, denn es erfüllte mich mit dem wonnigen und allein das Leben bedeutenden Gefühle: Dich trägt dein Glück.
(*Meine Kinderjahre*)

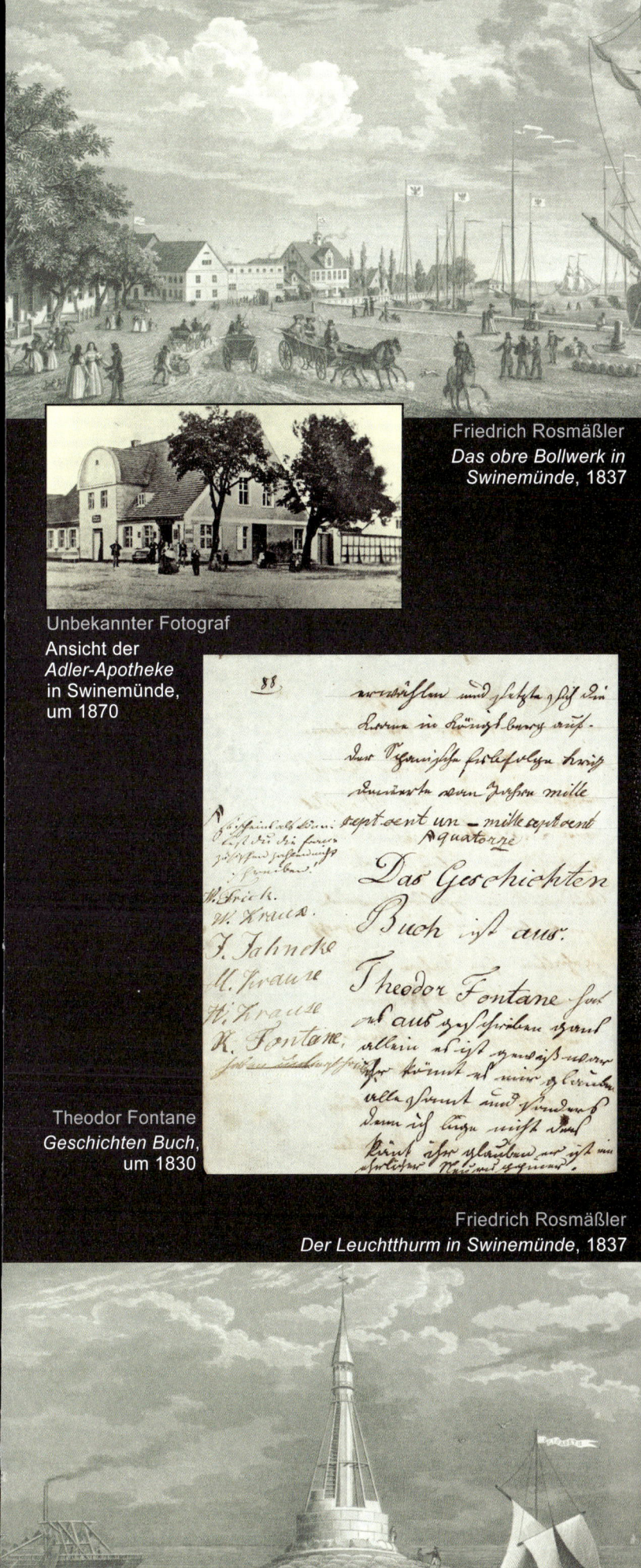

1.4 Berlin

1833 bis 1836 besucht Theodor Fontane hier die von K. F. Klöden geleitete Gewerbeschule. Den Schwerpunkt der Ausbildung bilden die Naturwissenschaften, Mathematik und neue Sprachen, der Abschluss berechtigt zum einjährigen Militärdienst.

Der junge Fontane wohnt bei einem Halbbruder des Vaters, Onkel August. Der gescheiterte Maler und Schauspieler hat auch als Kaufmann kein Glück. Er und seine Frau Pinchen, eine ehemalige Schauspielerin, mögen den Jungen sehr, nehmen aber wenig erzieherischen Einfluss. Unbeaufsichtigt und zumeist auf sich selbst gestellt, beginnt er die Schule zu schwänzen, entdeckt stattdessen die Konditoreien in der Spandauer Vorstadt. Hier liest er die Journale zur neuesten Literatur, was er später auch in den großen Caféhäusern der Stadt mit Leidenschaft betreibt.

Anderthalb Jahre ging es mir in meiner Onkel-August-Pension durchaus gut, zu gut, denn ich lebte da ganz nach meinem Belieben. Als aber Ostern fünfunddreißig heran war, verließen wir [...] die reizende kleine Wohnung und übersiedelten [...] nach einem in der Großen Hamburger Straße gelegenen Neubau. [...] Trotzdem alles ganz neu war, war alles auch schon wieder wie halb verfallen, häßlich und gemein.

(Von Zwanzig bis Dreißig)

In der Großen Hamburger Straße begegnet der 15-Jährige einem Mädchen, das auf ihn wirkt wie ein *Ciocciaren-Kind aus den Abruzzen*. Es heißt Emilie Rouanet-Kummer und wird später seine Frau.

Eduard Gaertner
Panorama von Berlin, aufgenommen von der Friedrich-Werderschen Kirche, um 1832

Reinhart Jähns
Hof der Friedrichswerderschen Gewerbeschule Niederwallstraße 12 mit der Wohnung des Direktors Karl Friedrich Klöden, um 1840

F. Albert Schwartz
Große Hamburger Straße Nr. 29, 1887

Gustav Taubert
Alles liest alles, 1832

2 Chronik
Apotheker und Poet

Herrmann Karl Kersting
Porträt Theodor Fontane, 1843

1836 – 1840
Lehre in der Apotheke *Zum weißen Schwan* in Berlin, Spandauer Straße 77 / Ecke Heidereutergasse.

1837
Erste lyrische Gedichte.

1839/40   **Dezember – Januar**
Erste Veröffentlichung: Die Novelle *Geschwisterliebe* erscheint in fünf Folgen im *Berliner Figaro*.

1840   **9. Januar**
Abschluss der Lehrzeit als Apothekergehilfe.

Januar – März
Eintritt in den *Platen-Klub*.
Veröffentlichung von zwölf Gedichten im *Berliner Figaro*.

Sommer
Eintritt in die *Lenau-Gesellschaft*.

21. September
Fontanes Mutter erhält als Geburtstagsgeschenk die erste Zusammenstellung von Gedichten aus den Jahren 1837–1840 (*Erstes Grünes Buch*).

Oktober – Dezember
Apothekergehilfe in Burg bei Magdeburg. Es entsteht das satirische Epos *Burg*. (Erstveröffentlichung 1928)

1841/42 April – März
Gehilfe in der Apotheke *Zum weißen Adler* in Leipzig. Mitglied des radikalen Dichtervereins *Herwegh-Club*. Veröffentlichung von Gedichten und Korrespondenzen in der Leipziger Zeitung *Die Eisenbahn. Ein Unterhaltungsblatt für die gebildete Welt*.

1842/43 Juli – April
Gehilfe in der *Salomonis-Apotheke* in Dresden.

1843 23. Juli
Der Offizier und Schriftsteller Bernhard von Lepel führt Fontane in den literarischen Sonntagsverein *Tunnel über der Spree* ein.

13. Oktober
Im *Morgenblatt für gebildete Leser* wird erstmalig ein Gedicht Fontanes veröffentlicht: *Eines Vaters Wehklage. Nach dem Englischen des John Prince*.

1843/44 August – März
Defektar in der väterlichen Apotheke in Letschin.

1844 Frühjahr
Wiederbegegnung mit Emilie Rouanet-Kummer.

1. April
Beginn des Militärdienstes als Einjährig-Freiwilliger.

29. September
Aufnahme in den konservativen literarischen Verein *Tunnel über der Spree*. Theodor Fontane erhält den Vereinsnamen *Lafontaine*.

1845 April – Juni
Arbeit als Rezeptar in der väterlichen Apotheke in Letschin.

8. Dezember
Verlobung mit Emilie.

1845/46   **Juli – Juni**
Zweiter Rezeptar in der *Polnischen Apotheke* in Berlin, Friedrichstraße 153a / Ecke Mittelstraße.

1847   **2. März**
Approbation als Apotheker erster Klasse.

1847/48   **Oktober – Sommer**
Erster Apotheker in der Apotheke *Zum schwarzen Adler* in Berlin, Neue Königstraße 50 / Ecke Georgenkirchplatz.

1848   **18. März**
Teilnahme an den Barrikadenkämpfen in Berlin.

              September
Für ein Jahr Anstellung im Krankenhaus *Bethanien* am Mariannenplatz zur pharmazeutischen Ausbildung zweier Diakonissen.

1848/49
Zwei nichteheliche Kinder Fontanes kommen in Dresden auf die Welt; die Mutter oder die Mütter sind nicht bekannt.

1849   **30. September**
Nach Abschluss der Tätigkeit in *Bethanien* gibt Fontane den Apothekerberuf auf und arbeitet als freier Schriftsteller.

              Dezember
Erste selbständige Publikationen erscheinen, sie sind vordatiert auf das Jahr 1850:

Das Epos *Von der schönen Rosamunde. Romanzen-Zyklus* bei Hayn in Berlin.

Die Gedichtsammlung *Männer und Helden. Acht Preußenlieder* bei Katz in Dessau.

1850   **16. Oktober**
Nach fünfjähriger Verlobungs heiraten Theodor und Emilie in der Französisch-Reformierten Parochialkirche in der Klosterstraße, Berlin.

              November
Der Band *Gedichte* erscheint bei Reimarus in Berlin.

1851   **6. April**
Mit der Ballade *Der Tag von Hemmingstedt* gewinnt Fontane den jährlichen Gedichtwettbewerb im *Tunnel*.

              14. August
Geburt des ersten Sohnes George Emile.

1852   **2. September**
Geburt des zweiten Sohnes Rudolf. Er stirbt zwei Wochen später, am 15. des Monats.

1853   **14. Oktober**
Geburt des dritten Sohnes Peter Paul. Er wird nur ein halbes Jahr alt und stirbt am 6. April 1854.

1855   **29. Mai**
Geburt des vierten Sohnes Hans Ulrich. Er stirbt nach wenigen Tagen, am 8. Juni.

1856   **3. November**
Geburt des fünften Sohnes, Théodore Henri (Theo).

1860   **21. März**
Martha Elisabeth (Mete), die einzige Tochter des Ehepaares, kommt auf die Welt.

1864   **5. Februar**
Geburt des sechsten Sohnes Fréderic (Friedrich, Friedel).

    3. Dezember
Fontane liest die Ballade *Gorm Grymme* im *Tunnel* und gewinnt damit einen Preis.

1865   **31. Dezember**
Fontane nimmt letztmalig an einer *Tunnel*-Sitzung teil.

1885   **März**
Bei Wilhelm Hertz in Berlin erscheint *Christian Friedrich Scherenberg und das literarische Berlin von 1840 bis 1860*. Es bleibt die einzige Ausgabe zu Lebzeiten, der Vorabdruck wurde im Juni / Juli 1884 in der *Vossischen Zeitung* veröffentlicht.

1889   **November**
Die dritte, vermehrte Auflage der *Gedichte* erscheint in Berlin bei Wilhelm Hertz.

1899
Erstveröffentlichung von Alterslyrik aus dem Nachlass in den Zeitschriften *Die Woche* und *Pan*.

Eduard Gaertner
Barrikade, 1848

2.1 Apotheker

Ich bin 30 Jahre alt [...] und meines Standes – Apotheker. Warum ich das bin? Mein Vater sprach: „car tel est notre plaisir"; zudem war er selbst Apotheker; ein andrer Grund liegt nicht vor.
(An G. Schwab, 18.4.1850)

Im Dezember 1839 erscheint im *Berliner Figaro* in vier Fortsetzungen die erste Veröffentlichung des jungen Dichters. Unterschrieben ist die Novelle mit *Fontan*, so wie er seinen Namen auszusprechen pflegte. Fontane selbst erzählt in seiner Autobiographie *Von Zwanzig bis Dreißig*, wie er nach erfolgreich absolvierter Apothekerprüfung beschlossen habe, *bei d'Heureuse einzutreten und den „Berliner Figaro", mein Leib- und Magenblatt,* zu lesen [...] *In mir war wohl die Vorahnung eines großen Ereignisses, und so kam es, daß ich eine kleine Weile zögerte, einen Blick in das schon aufgeschlagene Blatt zu tun. Indessen dem Mutigen gehört die Welt; ich ließ also schließlich mein Auge drüber hingleiten und siehe da, da stand es: „Geschwisterliebe, Novelle von Th. Fontane".*

Hier irrte sich der Dichter. Die Prüfung legte er erst im neuen Jahr, am 9. Januar 1840, ab.

In literarischen Cafés und Vereinen sucht Fontane nun Anschluss an die literarisch-politische Öffentlichkeit. Während er seine Apothekerausbildung und -tätigkeit fortsetzt, profilierter sich zugleich als freier Mitarbeiter verschiedener Zeitungen, auch der *Berliner Zeitungshalle,* dem Publikationsorgan des *Centralausschusses der Demokraten Deutschlands.*

Apotheke zum Schwan,
Spandauer Straße / Ecke Heidereutergasse, um 1820

Theodor Fontane
Geschwisterliebe in:
Berliner Figaro, Nr. 297,
21. Dezember 1839

**Lehrzeugnis
Theodor Fontanes**
Ausgestellt von
Wilhelm Rose,
Berlin, 9. Januar 1840

2.2 Bei Kaiser Franz

Zum 1. April 1844 wird Fontane zum Militärdienst einberufen. Als sogenannter *Einjährig-Freiwilliger* kann er den Truppenteil, in dem er dienen möchte, wählen. Er entscheidet sich für das *Kaiser-Franz-Garde-Grenadier-Regiment Nr. 2* in Berlin, denn hier dient Bernhard von Lepel, mit dem ihn seit etwa 1840 eine enge Freundschaft verbindet. Das 1814 begründete Regiment ist nach dem österreichischen Kaiser Franz I. benannt. Die *Franzer* stehen im Ruf, das literarische Regiment der Berliner Garnison zu sein. Viele der hier Stationierten betätigen sich künstlerisch. Fontane hofft darauf, Gleichgesinnte zu finden. Lepel wird sein direkter Vorgesetzter. Er ist es auch, der ihn 1843 in den literarischen Sonntagsverein *Tunnel über der Spree* einführt und dort seine Aufnahme anregt.

Als Grenadier
Es krankt, seit des Gefreiten Schere
Mir meine Locken fortgeputzt,
Mein Flügelpferd an einer Schwere,
Als wär es mit mir zugestutzt.
Je steifer nach dem abgehackten
Kalbfell den Fuß ich setzen muß,
Je steifer wird nach solchen Takten
Auch allemal mein Pegasus.
Jetzt hat man Rock und Helm, den blanken,
Mit all und jedem schon gemein;
Und ging's, man nähte die Gedanken
Auch gern in Uniformen ein.
(Theodor Fontane, 1844)

Auch wenn Fontane den mit dem Dienst verbundenen äußeren und inneren Zwang kritisiert, erinnert er sich später recht gern an seine Militärzeit und nennt die Einjährig-Freiwilligen *reizende junge Leute*.

Robert Reyher
Kaserne des II. Bataillons des Kaiser-Franz-Garde-Grenadier-Regiments in Berlin, 1854

Unbekannt
Kaiser-Franz, Uniform, um 1845

Theodor Fontane
Aus der Soldatenzeit, 1844

Ludwig Elsholtz
Drei Soldaten, o.J.

2.3 Familie

1844 begegnen sich Theodor und Emilie wieder. Am 8. Dezember 1845 sind beide zur Geburtstagsfeier bei Fontanes Onkel August eingeladen. Emilie bittet den Freund, sie auf dem Heimweg zu begleiten.

Da wir beide plauderhaft und etwas übermütig waren, so war an Verlegenheit nicht zu denken, und diese Verlegenheit kam auch kaum, als sich mir im Laufe des Gespräches mit einem Male die Betrachtung aufdrängte: „Ja, nun ist es wohl eigentlich das beste, dich zu verloben." Es war wenige Schritte vor der Weidendammer Brücke, daß mir dieser glücklichste Gedanke meines Lebens kam, und als ich die Brücke wieder um ebenso viele Schritte hinter mir hatte, war ich denn auch verlobt. Mir persönlich stand dies fest. Weil sich aber die dabei gesprochenen Worte von manchen früher gesprochenen nicht sehr wesentlich unterschieden, so nahm ich plötzlich, von einer kleinen Angst erfaßt, zum Abschiede noch einmal die Hand des Fräuleins und sagte ihr mit einer mir sonst fremden Herzlichkeit: „Wir sind aber nun wirklich verlobt."

(*Von Zwanzig bis Dreißig*)

Fünf Jahre später heiraten sie. Fontane gibt den ungeliebten Apothekerberuf auf, findet als Schriftsteller kein Auskommen und muss sich von nun an mühevoll als Journalist und Privatlehrer durchschlagen. Die ersten Ehejahre sind von großen wirtschaftlichen Sorgen geprägt. Bis 1856 kommen fünf Söhne zur Welt, drei davon sterben sehr früh, 1860 wird die Tochter geboren, der jüngste Sohn folgt 1864.

Georg Bartels
Die Weidendammer Brücke, 15.10.1894

A. Henning
George Fontane, 1865

Loescher & Petsch
Friedrich und Theodor Fontane jun., um 1865

Loescher & Petsch
Friedrich Fontane, 1865

Loescher & Petsch
Martha Fontane, 1866

Emilie Fontane
Haushaltsbuch 1881-84,
Eintragung: Januar 1881

Th. Hillwig
Emilie Rouanet-Kummer, 1848

2.4 Im Tunnel

Am 29. September 1844 wird Theodor Fontane ordentliches Mitglied des Sonntagsvereins *Tunnel über der Spree*, Lafontaine wird sein *Tunnel*-Name. Die Vergabe von Decknamen hat für das Vereinsleben die besondere Bedeutung, soziale Unterschiede aufzuheben.

Also lauter „Werdende" waren es, die der Tunnel allsonntäglich in einem von Tabaksqualm durchzogenen Kaffeelokale versammelte: Studenten, Auskultatoren, junge Kaufleute, zu denen sich [...] alsbald auch noch Schauspieler, Ärzte und Offiziere gesellten, junge Leutnants, die damals mit Vorliebe dilettierende Dichter waren [...] Um die Zeit, als ich eintrat, siebzehn Jahre nach Gründung des Tunnels, hatte die Gesellschaft ihren ursprünglichen Charakter bereits stark verändert und sich aus einem Vereine dichtender Dilettanten in einen wirklichen Dichterverein umgewandelt.

(Von Zwanzig bis Dreißig)

Bei den Gedichtwettbewerben und Lesungen feiert Fontane besondere Erfolge mit seinen Liedern auf preußische Feldherren und mit historischen Balladen; für *Der Tag von Hemmingstedt* erhält er 1851 als Preis den *Tunnel*-Pokal, der fortan ein Bord in Emilies Zimmer ziert.

Höhepunkt seiner Balladendichtung bildet der Vortrag des *Archibald Douglas*, mit dem er beim Stiftungsfest 1854 einen triumphalen Erfolg erzielt.

Im *Tunnel* schließt Theodor Fontane Freundschaften fürs Leben, so mit Paul Heyse, Theodor Storm, Franz Kugler und Adolph Menzel.

3 Chronik
Der Journalist

Joseph Schneider
Königliches Schauspielhaus, o. J.

1844   **25. Mai – 10. Juni**
Erster London - Aufenthalt. Fontane reist in Begleitung seines Freundes Hermann Scherz.

1848   **18. März**
Teilnahme an den Barrikadenkämpfen in Berlin.

Mai
Aufstellung als Wahlmann für die preußischen Landtagswahlen.

31. August
Publizistisches Debüt in der *Berliner Zeitungshalle* mit dem Artikel *Preußens Zukunft*, drei weitere Aufsätze folgen.

1849/50   **November – April**
Veröffentlichung einer Serie politischer Korrespondenzen in der *Dresdner Zeitung*.

1850   **9. Mai**
In der *Deutschen Reform* erscheint Fontanes Feuilleton *Ein Tag in einer englischen Familie*, es ist die erste Korrespondenz nach Londoner Erlebnissen.

August
Festanstellung als Lektor im *Literarischen Kabinett* des preußischen Innenministeri-

ums, das die regierungsamtliche Presse organisiert und kontrolliert.

31. Dezember
Auflösung des *Kabinetts*. Damit wird Fontane arbeitslos.

1851 **1. November**
Anstellung bei der neugegründeten *Zentralstelle für Preßangelegenheiten* der preußischen Regierung.

1852 **April – September**
Zweiter London-Aufenthalt. Fontane verfasst Korrespondenzen für die ministerielle preußische Presse, Berichte für Berliner Tageszeitungen, Theaterrezensionen.

1853
Der Aufsatz *Unsere lyrische und epische Poesie seit 1848* erscheint anonym in Leipzig.

1854 **Juli**
Das Reisebuch *Ein Sommer in London* erscheint bei Katz in Dessau.

1855/59
London-Aufenthalt im Auftrag der preußischen Regierung. Fontane hat die Aufgabe, die *Deutsch-Englische Correspondenz* aufzubauen und zu leiten.

1856 **Ende März**
Einstellung der *Correspondenz*. Fontane arbeitet als halbamtlicher Presseagent des preußischen Gesandten.

1858 **2. Dezember**
Nach dem Sturz der Regierung Manteuffel kündigt Fontane die Londoner Stellung und kehrt nach Berlin zurück.

1859 **29. Oktober**
Auf Anordnung des Regenten Ausschluss Fontanes aus dem Kreis der drei Vertrauenskorrespondenten des Chefs der ministeriellen preußischen Presse wegen einer journalistischen Indiskretion.

1860 **30. Mai**
Anstellung als Redakteur des *Englischen Artikels* bei der *Neuen Preußischen (Kreuz-)Zeitung*, für die er bereits seit 1856 schreibt.

Es erscheinen die Reiseerzählungen *Aus England. Studien und Briefe über Londoner Theater, Kunst und Presse* bei Ebner & Seubert in Stuttgart und *Jenseit des Tweed. Bilder und Briefe* bei Springer in Berlin.

1864 **Mai und September**
Aufenthalt an den Kriegsschauplätzen in Schleswig-Holstein und in Dänemark.

1865
Bei Decker in Berlin erscheint *Der Schleswig-Holsteinsche Krieg im Jahr 1864.*

1866   August/September
Reisen an die Kriegsschauplätze des Preußisch-Österreichischen Krieges in Böhmen und Süddeutschland.

1869
Bei Decker erscheint *Der deutsche Krieg von 1866* Band 1.

1870   20. April
Kündigung der Stelle bei der *Neuen Preußischen (Kreuz-)Zeitung.*

15. August
Fontane übernimmt an der *Vossischen Zeitung* das Referat der Königlichen Schauspiele.

17. August
Debüt als Theaterkritiker an der *Vossischen Zeitung* mit einer Rezension von Schillers *Wilhelm Tell.*

27. September
Reise zu den Kriegsschauplätzen in Frankreich.

5. Oktober
Ausflug nach Vaucouleurs und Domrémy auf den Spuren Jeanne d'Arcs. Während der Besichtigung ihres Denkmals Verhaftung als vermeintlicher preußischer Spion.

Oktober/November
Kriegsgefangenschaft und Internierung in Neufchâteau, Langres, Besançon und auf der Île d'Oléron.
Am 24.11. befiehlt die französiche Regierung seine Freilassung, u.a. auch auf Intervention Bismarcks.

Der *deutsche Krieg von 1866* Band 2 erscheint bei Decker.

1871   April/Mai
Zweite Reise zu den Kriegsschauplätzen in Frankreich.

November
Kriegsgefangen. Erlebtes 1870 und *Aus den Tagen der Okkupation. Eine Osterreise durch Nordfrankreich und Elsass-Lothringen* erscheinen bei Decker.
Im Sommer 1892 erscheint in Paris als erste Übersetzung eines Fontaneschen Werkes überhaupt: *Souvenirs d'un prisonnier de guerre allemand en 1870.*

1872 – 1875
Bei Decker erscheint in vier Bänden *Der Krieg gegen Frankreich 1870–1871*.

1876   6. März
Anstellung als Erster Ständiger Sekretär der Akademie der Künste in Berlin.

28. Mai
Verärgert über die subalterne Behandlung schreibt Fontane nach einer großen Szene im Senat sein Entlassungsgesuch an den Kultusminister und am 19. Juni an den Kaiser, der den Antrag am 17. Juli bewilligt. Am 2. August erhält der Sekretär den Entlassungsbescheid zum 30. Oktober. Damit endet Fontanes letzte volle Anstellung; er arbeitet bis zu seinem Tod als freier Schriftsteller.

1889   31. Dezember
Offizielles Ende der Tätigkeit als Theaterkritiker für die *Vossische Zeitung*. Die Zeitung gewährt Fontane für seine fast 20-jährige Tätigkeit als Theaterkritiker eine lebenslange Pension von jährlich fünfzehnhundert Mark.

Von nun an verfasst Fontane nur noch gelegentlich Rezensionen anlässlich von Aufführungen der *Freien Bühne*.

1891   26. Dezember
Der Aufsatz *Die gesellschaftliche Stellung der Schriftsteller* erscheint anonym im *Magazin für Literatur des In- und Auslandes*.

Adolph Menzel
Ein Mann, den rechten Arm aufgestützt, Zeitung lesend, um 1895

3.1 Englische Korrespondenzen

Im Herbst 1850 tritt Fontane seine fast ein Jahrzehnt währende Tätigkeit für die preußische Regierung an. Als Lektor wertet er im *Literarischen Kabinett* des preußischen Innenministeriums in- und ausländische Presse aus; ferner hat er die Aufgabe, die regionale Presse im Regierungsinteresse zu beeinflussen. Seine Tätigkeit stürzt ihn in einen inneren Zwiespalt, zudem drücken ihn familiäre Sorgen. Politische Resignation und Zweifel an der Berufung zum Schriftsteller machen sich breit.

Ich habe mich heut der Reaction für monatlich 30 Silberlinge verkauft und bin wiederum angestellter Scriblifax (in Versen und Prosa) bei der seligen „Deutschen Reform", auferstandenen „Adler-Zeitung". Man kann nun 'mal als anständiger Mensch nicht durchkommen. Ich debütire mit Ottaven zu Ehren Manteuffels. Inhalt: Der Ministerpräsident zertritt den (unvermeidlichen) Drachen der Revolution. Sehr nett!

(An B. v. Lepel, 30.10.1851)

Seine Anstellung ermöglicht ihm immerhin, nach England zu gehen, in das Land, das ihn von Jugend auf fasziniert. 1852 wird er preußischer Korrespondent in London, 1855 bis Anfang 1859 halbamtlicher Presseagent. Seine letzte Londoner Zeit erlaubt es ihm endlich, seine Familie nachzuholen, die er in Berlin zurücklassen musste. Nach dem Sturz der Manteuffel-Regierung kehrt er mit seiner Frau und den zwei Söhnen nach Berlin zurück. Den literarischen Ertrag der englischen Jahre bilden zahlreiche Reportagen, Feuilletons, Theaterkritiken, auch ein schottisches Reisebuch.

H. Winkles
Der Buckingham Palast (Neue östliche Fronte), um 1850

Theodor Fontane
Walter Scott in Westminster-Abtei, 1888
In: *Die Poggenpuhls*, Kapitel 9, Rückseite Blatt 11.

Unbekannter Künstler
London, um 1850
Verlag Gustav Kühn, Neuruppin

Theodor Fontane
Aus England und Schottland, Berlin, F. Fontane & Co., 1900

3.2 Theaterkritiker

Seit August 1870 schreibt Theodor Fontane Theaterkritiken für die bürgerlich-liberale *Vossische Zeitung*. Im Königlichen Schauspielhaus am Gendarmenmarkt verfolgt er zwanzig Jahre lang das aktuelle Theatergeschehen. Seine Kritiken ebnen manchen Schauspielerinnen und Schauspielern den Bühnenweg. Insbesondere fördert er seinen Liebling Paula Conrad, die später den Kritiker Paul Schlenther heiratet.

Meine Berechtigung zu meinem Metier ruht auf einem, was mir der Himmel mit in die Wiege gelegt hat: Feinfühligkeit künstlerischen Dingen gegenüber. An diese meine Eigenschaft hab' ich einen festen Glauben; hätt' ich ihn nicht, so legte ich heute noch meine Feder als Kritiker nieder. Ich habe ein unbedingtes Vertrauen zu der Richtigkeit meines Empfindens. Es klingt etwas stark, aber ich hab es, und muß es darauf ankommen lassen, wie dies Bekenntniß wirkt.

(An M. Ludwig, 2.5.1873)

Als Otto Brahm zusammen mit Gleichgesinnten wie Paul Schlenther und Samuel Fischer 1889 den *Verein Freie Bühne für modernes Leben* gründet, unterstützt Fontane den Verein, der sich für das naturalistische Drama einsetzt.

Fontane bespricht in der ersten Spielzeit 1889/90 alle Aufführungen der *Freien Bühne*, besonders ausführlich Hauptmanns Erstling *Vor Sonnenaufgang*. Er würdigt das Stück, das einen Skandal hervorruft, sofort als künstlerische Meisterleistung und schreibt damit selbst Theatergeschichte. Die Rezension der ersten öffentlichen Aufführung von Hauptmanns *Weber* (1894) ist die letzte Theaterkritik, die er verfasst.

Carl Graeb
Blick über die Vorhalle des Königlichen Schauspielhauses zum Französischen Dom auf dem Gendarmenmarkt, 1844

Loescher & Petsch
Paula Conrad als Lachegott in *Das heilige Lachen* von Ernst von Wildenbruch, Königliches Schauspielhaus, 16.2.1892

Theodor Fontane
Theaterkritik zu *Die Weber* von Gerhart Hauptmann, Deutsches Theater, 25.9.1894

Theodor Fontane
Aufzeichnungen zur Aufführung *Wilhelm Tell* von Friedrich Schiller, Königliches Schauspielhaus, 28.12.1878, Notizbuch

3.3 Kriegsberichterstatter

Von 1860 bis 1870 stellt Fontane als Redakteur der konservativen *Preußischen (Kreuz-)Zeitung* den *Englischen Artikel* zusammen. Die nur drei Stunden umfassende Arbeitszeit lässt ihm ausreichend Raum, seine Arbeit an den *Wanderungen durch die Mark Brandenburg* fortzusetzen.

Im Auftrag des Verlegers Ludwig von Decker schreibt er drei Bücher über die preußischen Kriege von 1864, 1866 und 1870/71.

Ende September 1870 reist Fontane zu den Kriegsschauplätzen in Frankreich. Bei einem Ausflug zum Geburtsort der Jeanne d'Arc wird er im nicht von deutschen Truppen besetzten Domrémy gefangengenommen und als vermeintlicher preußischer Spion in die Zitadelle von Besançon gebracht, wo ihm das Todesurteil droht. In Berlin unternimmt unterdessen seine Frau alles nur Mögliche, um das Schlimmste abzuwenden. Der Erzbischof von Besançon erreicht schließlich, dass Fontane als *officier supérieur* behandelt wird, doch erst ein Schreiben des Ministerpräsidenten Otto von Bismarck bewirkt, dass Fontane nach drei Wochen Haft freikommt und die Zitadelle auf der Île d'Oléron, wohin er zuletzt verbracht worden war, am 30. November verlassen kann.

Seine Erlebnisse schreibt Fontane noch während der Kriegsgefangenschaft nieder. Sie erscheinen von Ende Dezember 1870 bis Februar 1871 in der *Vossischen Zeitung* und anschließend bei Decker als Buch. 1892 wird *Kriegsgefangen* ins Französische übersetzt und seinem Autor attestiert, frei zu sein von jeder nationalen Überheblichkeit.

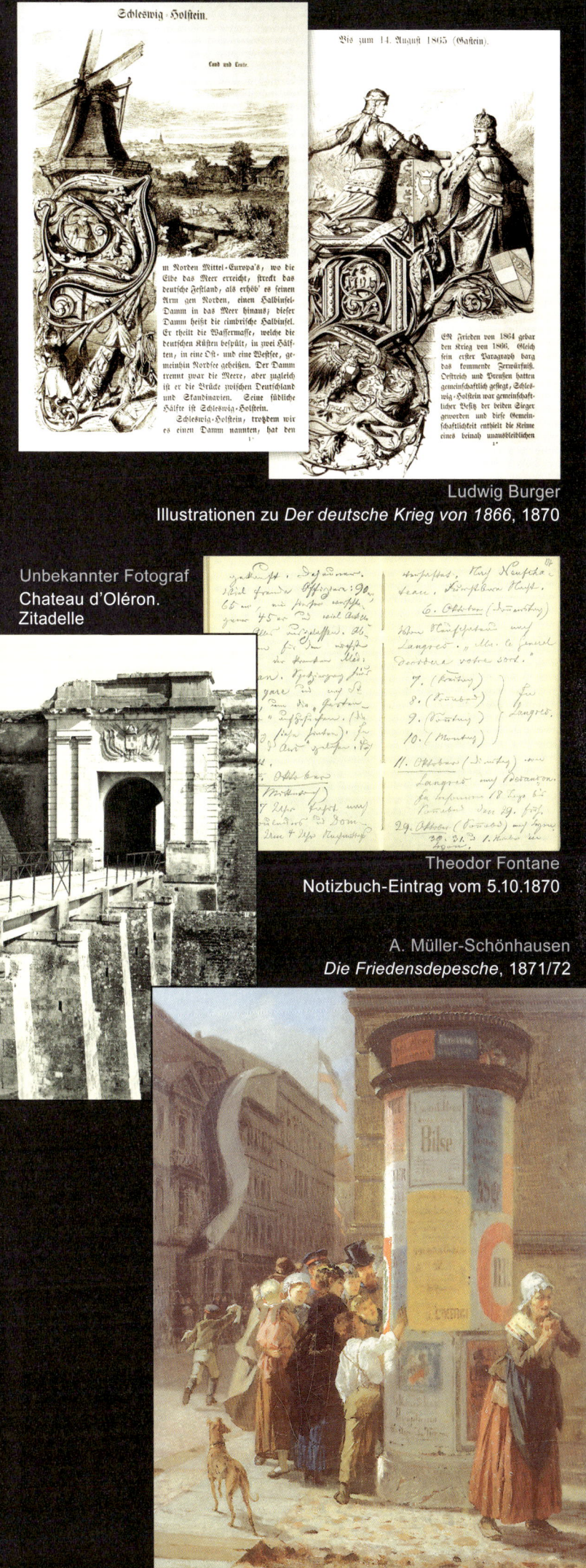

Ludwig Burger
Illustrationen zu *Der deutsche Krieg von 1866*, 1870

Unbekannter Fotograf
Chateau d'Oléron. Zitadelle

Theodor Fontane
Notizbuch-Eintrag vom 5.10.1870

A. Müller-Schönhausen
Die Friedensdepesche, 1871/72

3.4 Akademiesekretär

Als 1876 die Stelle des Sekretärs der Akademie der Künste frei wird, bewirbt sich Fontane auf Zuraten seiner Freunde um den sicheren Beamtenposten und erhält ihn. Kaiser Wilhelm I. persönlich unterschreibt die Berufungsurkunde.

Schon bald nach Dienstantritt erkennt der Schriftsteller jedoch, dass er für das Amt denkbar ungeeignet ist, fühlt sich nicht seinem Selbstverständnis entsprechend behandelt. *Es dient sich schlecht mit sechsundfünfzig unter einem jungen Herrn von zweiunddreißig*, gesteht er sich ein. Sein Vorgesetzter ist der Maler Anton von Werner, seit 1875 Direktor der Akademie. In seinen Erinnerungen charakterisiert dieser Fontanes Amt als eine *Beamtenstelle, die weder für ihn, noch er für sie geschaffen war*.

Bereits Ende Mai 1876 reicht Fontane sein Entlassungsgesuch ein. Sein Verhalten stößt sowohl bei den Behörden als auch bei den Freunden und im Familienkreis auf Unverständnis:

Was denkt sich nur der Mann. Eine unsichere Zukunft mit Frau und Kindern ist doch eigentlich das Schlimmste.

(Anna Witte an Richard Lucae, 9.6.1876)

Fontane fühlt sich unverstanden: *Alle Welt verurteilt mich, hält mich für kindisch, verdreht, hochfahrend*. Für ihn selbst steht fest, dass er endlich seinen 1863 begonnenen Roman *Vor dem Sturm* vollenden will.

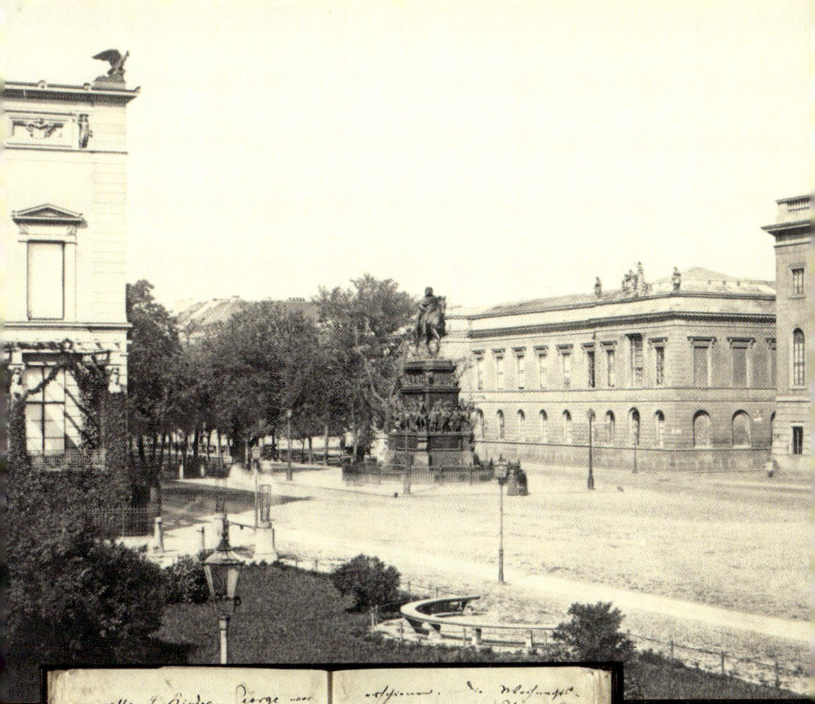

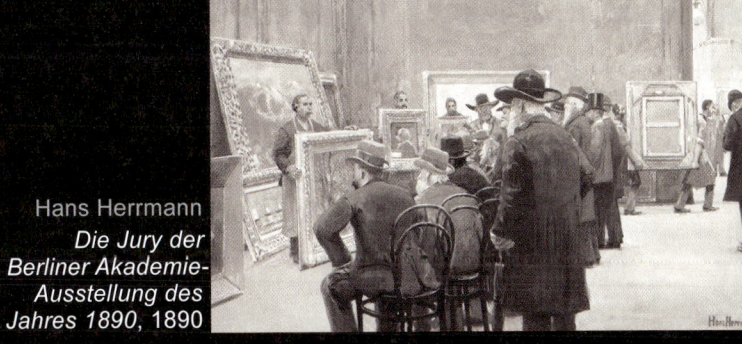

Unbekannter Fotograf
Akademie unter den Linden, um 1860

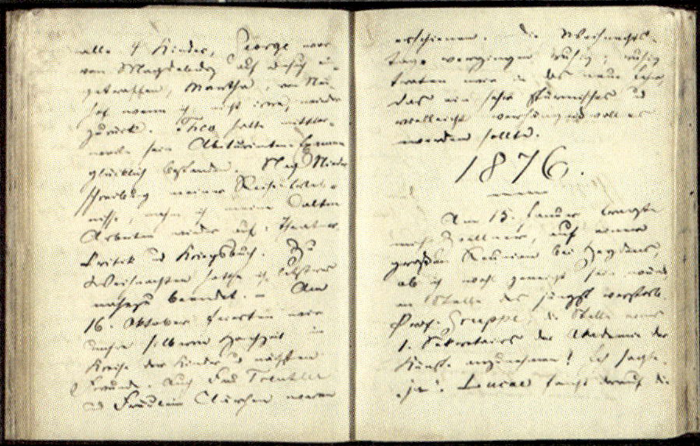

Theodor Fontane
Tagebuch, 1876

Hans Herrmann
Die Jury der Berliner Akademie-Ausstellung des Jahres 1890, 1890

Theodor Fontane
Wie sich meine Frau einen Beamten denkt, 1876 Berlin:
Zum Stiftungsfest des Fontaneabends am 14. November 1928 gewidmet von Paul Friedberger und Bernhard Krisch

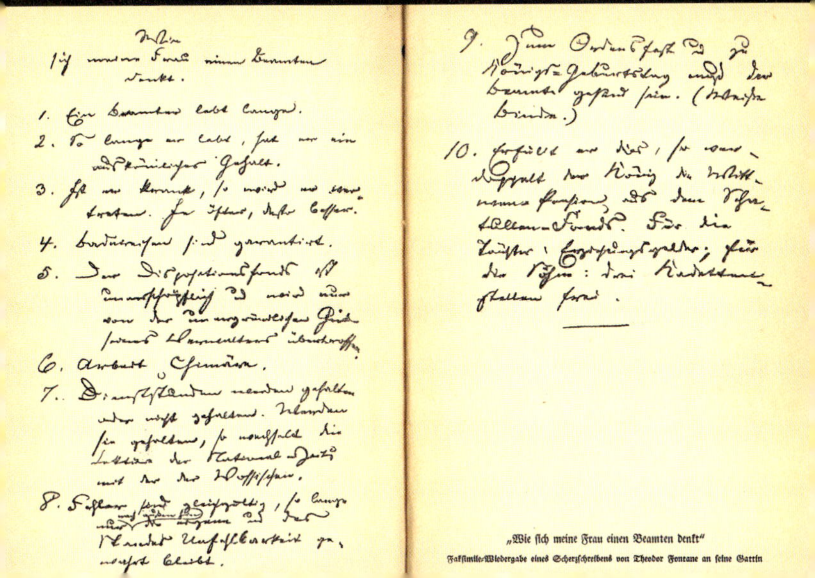

4 Chronik
Wanderungen

Loescher & Petsch
Theodor Fontane, 1869

1856   10. – 13. August

Fontane unternimmt seine erste größere Reise in England, eine Tour in die sogenannten Midland Counties. Nach London zurückgekehrt, vermerkt er am 19. August in seinem Tagebuch:
*Einen Plan gemacht. „Die Marken, ihre Männer u. ihre Geschichte. Um Vaterlands- u. künftiger Dichtung willen gesammelt u. herausgegeben von Th. Fontane."
– Die Dinge selbst geb' ich alphabetisch. Wenn ich noch dazu komme das Buch zu schreiben, so hab' ich nicht umsonst gelebt u. kann meine Gebeine ruhig schlafen legen.*

1859   Mai – August
Vorabdruck von zehn Aufsätzen aus *Jenseit des Tweed* unter dem Titel *Bilder und Briefe aus Schottland* in der *Vossischen Zeitung*.

In den Reisebildern aus Schottland *Jenseit des Tweed*, Kapitel *Von Edinburg bis Stirling* vergegenwärtigt Fontane die Havel und verweist auf Städte, Schlösser und Persönlichkeiten aus der Mark Brandenburg.

29. Juni
Fontanes erster *Wanderungen*-Aufsatz erscheint in der *Vossischen Zeitung*: *Ein Stündchen vor dem Potsdamer Tor*.

18. – 23. Juli
Erste märkische Reise mit Bernhard von Lepel nach Ruppin und in den Nordwesten der Grafschaft.

5. – 8. August
Reise in den Spreewald.

September
In den Spreewald. Vier Reise-Kapitel erscheinen in der *Adlerzeitung*. Die ersten drei gehen in den Band *Spreeland* ein und werden im August 1881 in der *Vossischen Zeitung* nochmals gedruckt.

1859/60   August – April
Vorabdruck von sechs schottischen Reisebildern aus *Jenseit des Tweed* unter dem Titel *Das Macbeth-Land* in der *Neuen Preußischen (Kreuz-)Zeitung*.

Oktober – Januar
Vorabdruck von neun schottischen Reisebildern aus *Jenseit des Tweed* unter dem Titel *Eine Reise ins schottische Hochland* im *Morgenblatt für gebildete Leser*.

1860/61   Oktober – Dezember
Vorabdruck einer Reihe von Aufsätzen aus den *Wanderungen* über märkische Eindrücke unter dem Titel *Märkische Bilder* in der *Kreuzzeitung*.

1861
Herausgabe des ersten Bandes der *Wanderungen durch die Mark Brandenburg* bei Wilhelm Hertz. Die zweite, überarbeitete Auflage erscheint 1865 unter dem Titel *Die Grafschaft Ruppin*.

1862
Der zweite *Wanderungen*-Band *Das Oderland, Barnim-Lebus* erscheint. Die zweite, fast unveränderte Auflage folgt 1867.

1872
Der dritte *Wanderungen*-Band *Havelland* erscheint.

1876 — 1. November
Konzentrierte Arbeit am ersten Roman: *Vor dem Sturm*.

Ja, der Roman! Er ist in dieser für mich trostlosen Zeit mein einziges Glück, meine einzige Erholung. In der Beschäftigung mit ihm vergesse ich, was mich drückt. [...] Ich empfinde im Arbeiten daran, daß ich nur Schriftsteller bin und nur in diesem schönen Beruf – mag der aufgeblasene Bildungs-Pöbel darüber lachen – mein Glück finden konnte.

(An M. Rohr 1.11.1876)

1878 — Frühjahr
Die ersten drei Bände von *Vor dem Sturm* erscheinen in einer stark gekürzten Fassung in der Zeitschrift *Daheim*.

Oktober
Vor dem Sturm. Roman aus dem Winter 1812 auf 13 erscheint in Berlin bei Wilhelm Hertz.

1881 — November
Spreeland, der vierte Band der *Wanderungen* erscheint.

Mit diesem IV. Bande nehm ich – wenigstens in meiner Wanderereigenschaft – Abschied vom Leser, nicht weil der Stoff erschöpft wäre, wohl aber vielleicht die Geduld. [...] Über zwanzig Jahre sind vergangen, seit ich im Sommer 59 mit diesen Wanderungen begann.

(Schlusswort)

1888
Die Buchausgabe des *Wanderungen*-Ergänzungsbandes *Fünf Schlösser. Altes und Neues aus der Mark Brandenburg* erscheint.

1891 — Januar
Ich nehme meine Arbeiten über „Ländchen Friesack" ernsthaft wieder auf.

(Tagebuch)

Mai
Meine Friesackarbeit gebe ich auf; es ist etwas zu Zeitraubendes und das Sich–Einlogieren auf den Edelhöfen hat mit beinah 72 doch sein Mißliches und Genierliches.

(Tagebuch)

1892
Fontanes letzter *Wanderungen*-Aufsatz: *Mathilde von Rohr, Konventualin zu Kloster Dobbertin*, der erst posthum in das Werk eingeht, erscheint in der Wochenzeitschrift *Daheim*.

1986
Wanderungen durch die Mark Brandenburg (1862-1882) werden als Koproduktion der BRD, Österreich und der DDR unter Regie von Eberhard Itzenplitz für das Fernsehen verfilmt:
1. Am Ruppiner See
2. Rheinsberg und Ruppiner Schweiz
3. An Rhin und Dosse
4. An der Spree und nach Gransee
5. Im Spreeland

Eduard Gaertner
Seddiner See, o.J.

4.1 Grafschaft Ruppin und Oderland

„Erst die Fremde lehrt uns, was wir an der Heimat besitzen." Das hab ich an mir selber erfahren, und die ersten Anregungen zu diesen „Wanderungen durch die Mark" sind mir auf Streifereien in der Fremde gekommen. Die Anregungen wurden Wunsch, der Wunsch wurde Entschluß.

(Wanderungen durch die Mark Brandenburg. Vorwort zur 1. Auflage, 1861)

Bereits im August 1856 plant Theodor Fontane ein Buch mit dem Titel *Die Marken, ihre Männer und ihre Geschichte*. Über dessen Bedeutung vermerkt er im Londoner Tagebuch: *Wenn ich noch dazu komme, das Buch zu schreiben, so hab' ich nicht umsonst gelebt und kann meine Gebeine ruhig schlafen legen.* (19.8.1856)

Seine Recherche-Reisen beginnt Fontane gleich nach der Rückkehr aus England; erste Reisefeuilletons werden noch im selben Jahr in der *Preußischen Zeitung* abgedruckt.

Ich beschäftige mich jetzt ausschließlich mit dem Studium unsrer Mark und habe zwei darauf Bezug habende Arbeiten vor, die mich ohngefähr zehn Jahre kosten und zwanzig Bände füllen werden.

(An Th. Storm, Juli 1860)

1862 erscheint der erste Band der gesammelten Feuilletons unter dem Titel *Wanderungen durch die Mark Brandenburg* (später *Die Grafschaft Ruppin*). Ab 1863 folgen *Das Oderland. Barnim-Lebus* und weitere Bände. Sie alle erfahren schon zu Lebzeiten Fontanes mehrere Auflagen und sind jeweils neu überarbeitet, ergänzt und korrigiert.

Unbekannter Künstler
Ansicht des Schlosses Rheinsberg von der Brücke nach dem Obelisken, um 1795

Theodor Fontane
Notizen zur Kirche in Lindow, Notizbuch

Carl Friedrich Schulz
Bauern in märkischer Landschaft, 1834

Unbekannter Künstler nach Karl Friedrich Schinkel
Das Denkmal der Königin Luise auf dem Luisenplatz in Gransee, um 1811

Wanderungen

4.2 Havelland und Spreeland

Ob du reisen sollst, so fragst du, reisen in der Mark?
(*Die Grafschaft Ruppin.* Vorwort zur 2. Auflage, 1864)

Zeit seines Lebens setzt Fontane die Arbeit an seinem märkischen Reisewerk fort und publiziert seine Reiseberichte bis 1892 regelmäßig in verschiedenen Zeitungen und Buchausgaben. Die Feuilletons zum Havel- und Spreeland erscheinen gesammelt 1872 im Band *Osthavelland* (später *Havelland*) und 1881 im Band *Spreeland*.

Grüß Gott dich, Heimat! ... Nach langem Säumen
In deinem Schatten wieder zu träumen,
Erfüllt in dieser Maienlust
Eine tiefe Sehnsucht mir die Brust.
Ade nun, Bilder der letzten Jahre,
Ihr Ufer der Somme, der Seine, Loire,
Nach Krieges- und fremder Wässer Lauf
Nimm, heimische Havel, mich wieder auf.
(*Osthavelland*, statt eines Vorworts zum 3. Band, 1872)

Wo immer er etwas Bemerkenswertes zu finden hofft, reist Fontane hin. Er beschreibt Schlösser, Herrenhäuser, Kirchen oder Fachwerkkaten, wenn sie nur Erzählstoff bieten, eine Geschichte haben. So zeichnet er eindrucksvolle Porträts der dort Ansässigen und betreibt Charakterstudien. Darüber hinaus hat er einen besonderen Blick für die märkische Landschaft. Er entdeckt zwischen Kiefern, Sumpf und Sand herbe, aber aparte landschaftliche Schönheiten und findet für ihre Darstellung eine hinreißende Sprache. Lose und untergründig sind die *Wanderungen* auch mit den späteren Romanen verbunden.

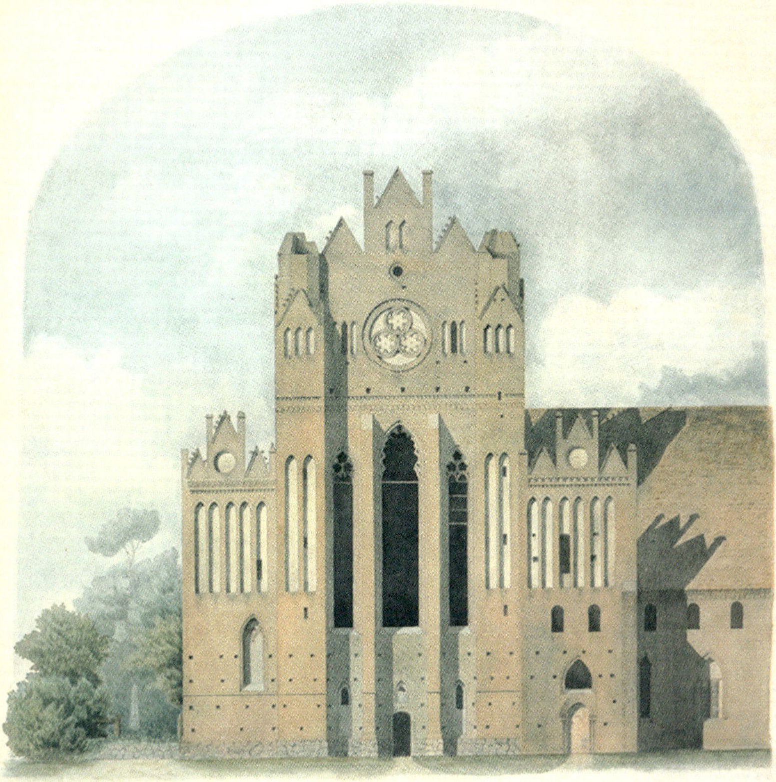

Rudolph Schultze
Klosterkirche Chorin, Ansicht der Westseite, 1877

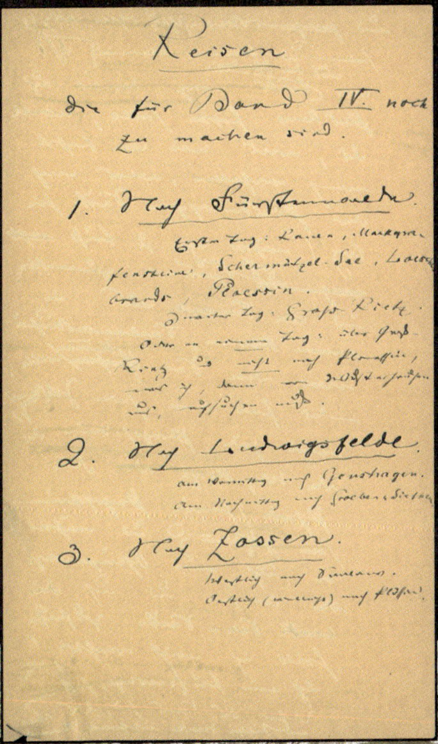

Reisen

die für Band IV. noch zu machen sind.

1. Nach Fürstenwalde.

2. Nach Ludwigsfelde

3. Nach Zossen.

Theodor Fontane
Arbeitsnotiz
Reisen
die für Band IV noch
zu machen sind.

Walter Leistikow
Weg in Alt-Kleinmachnow, 1894

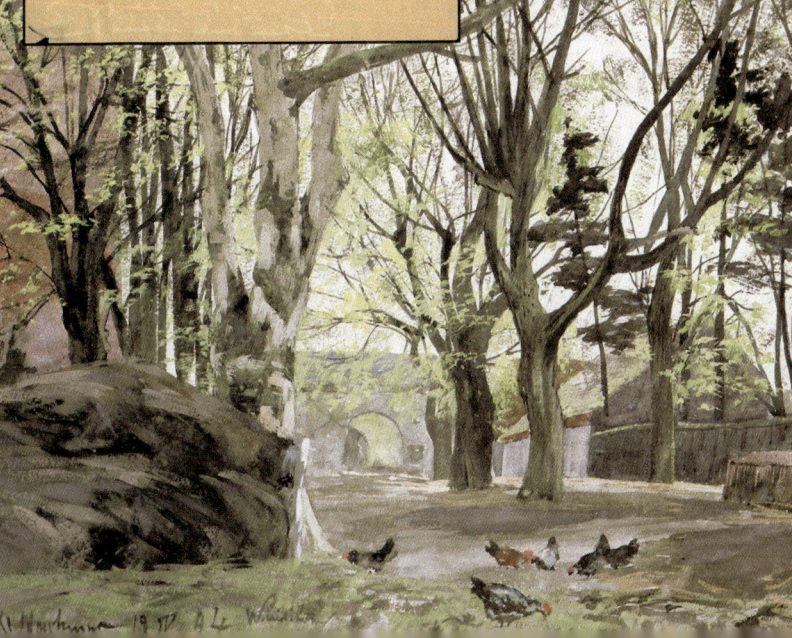

4.3 Fünf Schlösser und Nachgelassenes

Mein Metier besteht darin, bis in alle Ewigkeit hinein, „märkische Wanderungen" zu schreiben.
(An W. Friedrich, 18.1.1883)

Obwohl Theodor Fontane seit 1878 auch als Romancier und Erzähler auftritt, sieht ihn die lesende Öffentlichkeit vorwiegend als Autor der *Wanderungen*. Er ist der Reiseschriftsteller, der unaufhörlich die Mark Brandenburg bereist und diese Region für ein großes Publikum historisch und literarisch erschließt. Er selbst beklagt diese einseitige Wahrnehmung, bleibt aber bis zuletzt leidenschaftlicher „Wanderer".

1888 erscheint der Band *Fünf Schlösser. Altes und Neues aus der Mark Brandenburg.* Im selben Jahr setzt Fontane die Arbeit an den *Wanderungen* fort. An seinen Verleger Wilhelm Hertz schreibt er am 26. Mai 1889, er plane nach längeren Vorarbeiten die *letzte märkische Aufgabe, zugleich die „märkischste"* – eine Darstellung des Ländchens Friesack und der alten havelländischen Adelsfamilie Bredow. In den neunziger Jahren sammelt er auch tatsächlich Stoff für diese neue Ausgabe, und noch drei Tage vor seinem Tod bekräftigt er seinen Plan:

Ich will ein Buch schreiben, das etwa den Titel führen soll: „Das Ländchen Friesack und die Bredows".
(An F. Meyer, 17.9.1898)

Der Band erscheint nicht mehr zu Lebzeiten, sondern erst 1968, zusammen mit weiteren unveröffentlichten Fragmenten der *Wanderungen*.

August von Heyden
Fontane als Wanderer durch die Mark, um 1860

Nach Th. Heinicke
Verlag Winckelmann
und Söhne
Schloß Nennhausen,
um 1860

Grabstein Heinrich von Kleist,
um 1862;

Der Dichter Heinrich von Kleist, geboren am 18. Oktober 1777, nahm sich am 21. November 1811 gemeinsam mit Henriette Vogel in der Nähe des Wannsees das Leben. Beide fanden an dieser Stelle ihre letzte Ruhestätte. Einem erst 1843 gesetzten Grabstein wurde 1862 ein Grabstein hinzugefügt, der ein falsches Geburtsdatum Kleists angibt. Fontanes Wiedergabe der Inschrift enthält neben dem falschen Geburts- auch noch ein falsches Todesdatum.

Friedrich Kaiser
Der Große Kurfürst in der Schlacht bei Fehrbellin, um 1860

4.4 Vom Wanderer zum Romancier

Im Alter von 56 Jahren gibt Fontane das Angestelltendasein endgültig auf, um von nun an ausschließlich als freier Schriftsteller zu arbeiten. Dieser Schritt führt schließlich zum künstlerischen Durchbruch. 1876 nimmt der Autor die Arbeit an *Vor dem Sturm* wieder auf, seinem umfangreichsten Roman mit der längsten Entstehungszeit.

> *Ich habe mir nie die Frage vorgelegt: soll dies ein Roman werden? […] Mir selbst und meinem Stoffe möchte ich gerecht werden. Ohne Mord und Brand und große Leidenschaftsgeschichten, hab ich mir einfach vorgesetzt eine große Anzahl märkischer (d.h. deutschwendischer, denn hierin liegt ihre Eigenthümlichkeit) Figuren aus dem Winter 12 auf 13 vorzuführen, Figuren wie sie sich damals fanden und im Wesentlichen auch noch jetzt finden.*
> (An W. Hertz, 17.6.1866)

Erste Spuren für einen märkischen Geschichtsroman aus napoleonischer Zeit lassen sich bereits 1854 finden. Nach der endgültigen Rückkehr aus England wendet sich Fontane bewusst der Geschichte und den Geschichten der Mark Brandenburg zu. Geistig und formal sind *Vor dem Sturm* und *Die Wanderungen* eng miteinander verbunden und entstehen annähernd gleichzeitig. 1862–65 schreibt Fontane die ersten Kapitel nieder, nach wiederholten jahrelangen Unterbrechungen kann er den größten Teil des vier Bände umfassenden Romans erst 1876–77 ausführen. 1878 erscheint er im Verlag von Wilhelm Hertz und gilt heute als einer der bedeutendsten deutschen Geschichtsromane.

Friedrich Kaiser
Das Tempo der Gründerjahre, um 1865

Anonym
Das große Schachspiel im Jahr 1813, 1814

Theodor Fontane
Vor dem Sturm
In: *Daheim. Ein deutsches Familienblatt mit Illustrationen*, 5.1.1878

Eduard Gaertner
Die Klosterruine Lehnin, 1858

5 Chronik
Der Erzähler

Julius Cornelius Schaarwächter
Porträt Theodor Fontane, 1890

1839/40   Dezember – Januar
Die Novelle *Geschwisterliebe* erscheint in fünf Folgen im *Berliner Figaro*.

1840
Nach Fontanes Darstellung entsteht im Sommer 1840 sein erster Roman *Du hast recht getan* und wird später, ohne sein Wissen, an unbekanntem Ort publiziert. Der Text ist nicht überliefert.

Um 1845
Die Erzählung *Zwei Poststationen* entsteht, sie wird erst 1991 veröffentlicht.

1854
Erste Pläne für einen märkischen Geschichtsroman aus napoleonischer Zeit entstehen.

1878
Der vier Bände umfassende Roman *Vor dem Sturm. Roman aus dem Winter 1812/13* erscheint bei Wilhelm Hertz in Berlin. Geistig und formal ist das Werk den annähernd gleichzeitig entstandenen *Wanderungen* eng verbunden.

1879
Bis Juni Arbeit am ersten groß angelegten Gegenwartsroman *Allerlei Glück*. Das Manuskript bleibt Fragment, da Fontane keinen Verleger findet. Die 300 Blatt umfassenden Entwürfe werden 1929 erstmalig veröffentlicht.

1880
Die Novelle *Grete Minde. Nach einer altmärkischen Chronik* erscheint bei Wilhelm Hertz in Berlin, Vorabdruck in der Monatsschrift *Nord und Süd*.

1881
Die Erzählung *Ellernklipp. Nach einem Harzer Kirchenbuch* erscheint bei Wilhelm Hertz in Berlin, Vorabdruck in *Westermanns Monatshefte*.

1882
Fontanes erster Berliner Gesellschaftsroman *L'Adultera* erscheint im Verlag von Salo Schottländer in Breslau, Vorabdruck 1880 in der Monatsschrift *Nord und Süd*.

1883
Die Erzählung *Schach von Wuthenow. Erzählung aus der Zeit des Regiments Gensdarmes* erscheint im Verlag von Wilhelm Friedrich in Leipzig, Vorabdruck 1882 in der *Vossischen Zeitung*.

1884
Der Roman *Graf Petöfy* erscheint bei Friedrich Wilhelm Steffens in Dresden, Vorabdruck in der Wochenschrift *Deutsche Romanbibliothek zu Über Land und Meer*.

1885
Der Roman *Unterm Birnbaum* erscheint in Müller-Grotes Sammlung von Werken zeitgenössischer Schriftsteller in Berlin, der Vorabdruck im selben Jahr im Familienblatt *Die Gartenlaube*.

1886
Die Novelle *Cècile* erscheint bei Emil Dominik in Berlin, Vorabdruck in der Zeitschrift *Universum. Illustrirter Hausschatz für Poesie, Natur und Welt, Kunst und Wissenschaft.*

1888
Der Roman *Irrungen, Wirrungen* erscheint bei Friedrich Wilhelm Steffens in Leipzig, Vorabdruck 1887 in der Morgenausgabe der *Vossischen Zeitung.*

1890
Der Roman *Stine* erscheint als erstes Werk Fontanes in dem am 1. Oktober 1888 gegründeten Verlag des Sohnes Friedrich Fontane & Co.; der gekürzte Vorabdruck in der Wochenschrift *Deutschland.*
Der Roman *Quitt* erscheint bei Wilhelm Hertz, Vorabdruck in einer von der Redaktion gekürzten Fassung im illustrierten Familienblatt *Die Gartenlaube.*

1891
Der Roman *Unwiederbringlich* erscheint bei Wilhelm Hertz, Vorabdruck in der Monatsschrift *Deutsche Rundschau*, 1895 erste Übersetzung ins Dänische.

1892
Der Roman *Frau Jenny Treibel oder „Wo sich Herz zum Herzen find't"* erscheint im Oktober bei Friedrich Fontane, Vorabdruck in der Monatsschrift *Deutsche Rundschau.*

1893
Meine Kinderjahre. Autobiographischer Roman erscheint bei Friedrich Fontane, Vorabdruck einzelner Kapitel in verschiedenen Zeitschriften.

1894
Der Sammelband kleiner Erzählungen *Von, vor und nach der Reise* erscheint bei Friedrich Fontane.

1895
Von April bis November erscheinen in der von Fontane mitbegründeten neuen Vierteljahresschrift *Pan* die ersten Kapitel aus der Fortsetzung seiner Lebenserinnerungen *Von Zwanzig bis Dreißig.*
Der Roman *Effi Briest* erscheint im Oktober bei Friedrich Fontane, der Vorabdruck von Oktober bis März in der Monatsschrift *Deutsche Rundschau.*

1895/96
Der Roman *Die Poggenpuhls* erscheint im November bei Friedrich Fontane, Vorabdruck im Familienblatt *Vom Fels zum Meer*.

1897/98
Der Vorabdruck des Romans *Der Stechlin* wird von Oktober bis März in der Wochenschrift *Über Land und Meer* publiziert.

1898
Erst nach dem Tod des Dichters erscheint Ende des Jahres *Der Stechlin* im Verlag des Sohnes Friedrich Fontane & Co.

1907
Der größtenteils 1891 entstandene, aus unbekannten Gründen unvollendet gebliebene Roman *Mathilde Möhring* erscheint in der *Gartenlaube* und 1907 im Band *Aus dem Nachlaß* von Theodor Fontane in einer stark bearbeiteten Form. Die erste Neuausgabe nach der Handschrift erscheint 1969 im Aufbau Verlag und 2008 folgt im Rahmen der Großen Brandenburger Ausgabe des Aufbau Verlages eine historisch-kritische Edition des Manuskriptes.

Carl Ferdinand Koch
Der Brief, 1889

5.1 Romane

Der Roman soll ein Bild der Zeit sein, der wir selber angehören, mindestens die Widerspiegelung eines Lebens, an dessen Grenze wir noch standen oder von dem aus unsere Eltern noch erzählten.
(Rezension zu Gustav Freytags Roman *Die Ahnen*, 1875)

In seinen letzten zwanzig Lebensjahren schreibt Theodor Fontane 17 Romane und Erzählungen; Meisterwerke wie die Berliner Romane *Irrungen Wirrungen*, *Frau Jenny Treibel*, *Effi Briest*, *Die Poggenpuhls* oder *Der Stechlin*. Es sind Werke, die heute zur Weltliteratur zählen, kritische Gesellschaftsromane, die die Forderung erfüllen, dass der moderne Roman ein Zeitbild gebe.

Aufgabe des modernen Romans scheint mir die zu sein, ein Leben, eine Gesellschaft, einen Kreis von Menschen zu schildern, der ein unverzerrtes Widerspiel des Lebens ist, das wir führen. Das wird der beste Roman sein, dessen Gestalten sich in die Gestalten des wirklichen Lebens einreihen, so dass wir in Erinnerung an eine bestimmte Lebensepoche nicht mehr genau wissen, ob es gelebte oder gelesene Figuren waren.
(Rezension zu Paul Lindaus Roman *Der Zug nach dem Westen*, 1886)

Die Handlung fast aller Fontane'scher Romane ist im 19. Jahrhundert angesiedelt. *Schach von Wuthenow* und *Vor dem Sturm* erzählen vom Beginn des Jahrhunderts, als Preußen in seine schwerste politische Krise geriet – gleichsam mahnender Kontrast zum triumphalen Preußen des Kaiserreichs. *Unterm Birnbaum* spielt zur Zeit des Vormärz, *Unwiederbringlich* größtenteils 1859 und die Berliner Gesellschaftsromane fast ausnahmslos in der Bismarckzeit. *Der Stechlin* spiegelt das Leben am Ende des Jahrhunderts wieder, die Jahre 1895/96.

Theodor Fontane
Vor dem Sturm, 1878

Max Liebermann
Illustration zu *Effi Briest*, um 1926

Theodor Fontane
Irrungen Wirrungen, 1888

Theodor Fontane
Vorarbeit zu *Quitt*, Skizze der Umgebung von Krummhübel, 1890

5.2 Frauengestalten

Ich war nie ein Lebemann, aber ich freue mich, wenn andere leben, Männlein wie Fräulein. Der natürliche Mensch will leben, will weder fromm noch keusch noch sittlich sein [...] Dies Natürliche hat es mir seit langem angetan, ich lege nur darauf Gewicht, fühle mich nur dadurch angezogen, und dies ist wohl der Grund, warum meine Frauengestalten alle einen Knax weghaben. Gerade dadurch sind sie mir lieb [...]

(An C. Grünhagen, 10.10.1895)

Fontanes Romane haben häufig Frauen als Titelheldinnen (*Grete Minde, Cécile, Stine, Jenny Treibel, Effi Briest, Mathilde Möhring*) oder sie spielen eine Hauptrolle. Die Handlung kreist um Liebe, Ehe, ihre Anbahnung beziehungsweise ihre Verhinderung oder um Ehebruch.

Gezeigt werden Frauen, die aufbegehren oder eigene Wege suchen, aber zumeist an den gesellschaftlichen Konventionen scheitern. Am Beispiel der Konflikte, denen sie ausgesetzt sind, schildert Fontane die Erschütterungen seiner Zeit. Häufig greift er historisch verbürgte Ereignisse auf (etwa Duelle aus verletzter männlicher Ehre). Seine Quelle ist die Zeitung, oder die Geschichten werden ihm zugetragen. Allerdings verändert der Autor den Stoff und folgt einer eigenen Poetologie.

Liebesgeschichten, in ihrer schauderösen Ähnlichkeit, haben was Langweiliges –, aber der Gesellschaftszustand, das Sittenbildliche, das versteckt und gefährlich Politische, das diese Dinge haben, [...] das ist *es, was mich so sehr daran interessiert.*

(An F. Stephany, 2.7.1894)

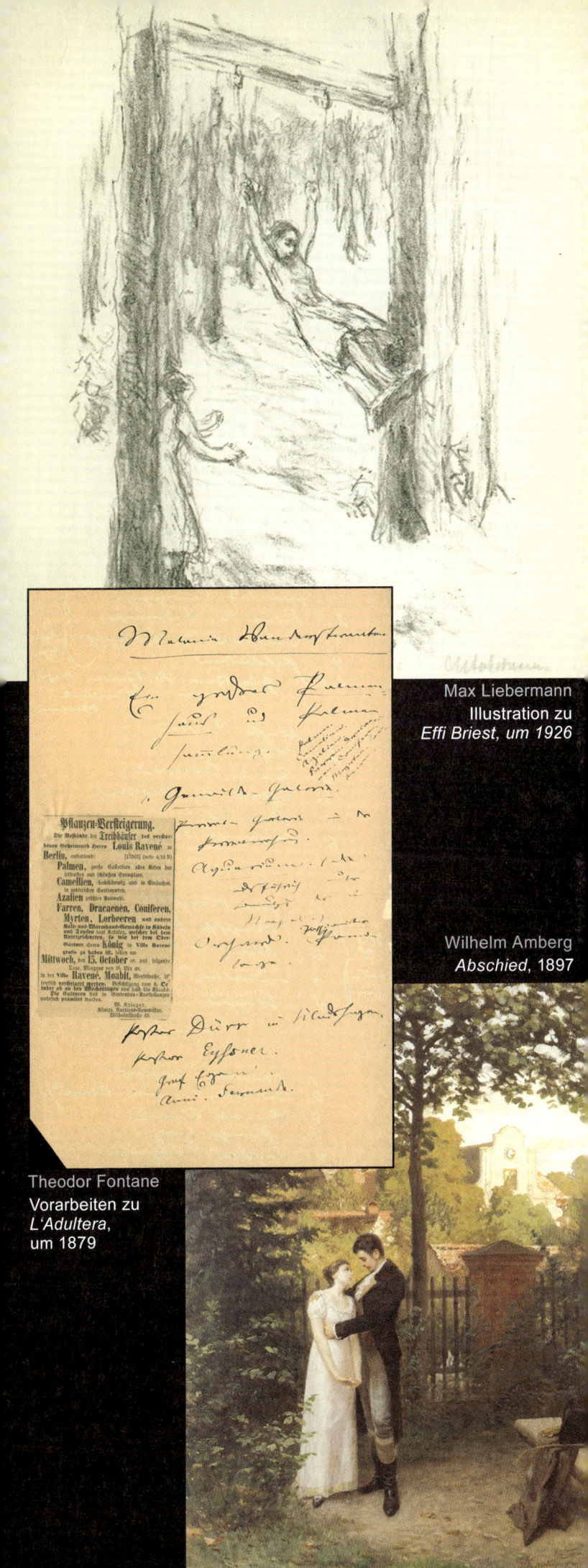

5.3 Der Stechlin

Alles Alte, soweit es Anspruch darauf hat, sollen wir lieben, aber für das Neue sollen wir recht eigentlich leben.
(Der Stechlin)

In einem Waldwinkel der Grafschaft Ruppin liegt ein See, „Der Stechlin". Dieser See, klein und unbedeutend, hat die Besonderheit, mit der zweiten Welt draußen in einer halb rätselhaften Verbindung zu stehen und wenn in der Welt draußen „was los ist", [...] so macht der „Stechlin" [...] die große Weltbewegung mit und sprudelt und wirft Strahlen und bildet Trichter. Um dies – so ungefähr fängt der Roman an – und um das Thema dreht sich die ganze Geschichte.
(An A. Hoffmann, Mai/Juni 1897)

Fontane beginnt die Arbeit an seinem letzten Roman im Spätherbst 1895. Im Juli schickt er das wie üblich von seiner Frau sorgfältig abgeschriebene Manuskript zum Vorabdruck der Familienzeitschrift *Über Land und Meer*, wo der Roman von Oktober bis Dezember erscheint. Das Erscheinen in Buchform erlebt Theodor Fontane nicht mehr.

Der Stechlin gilt auch heute noch als einer der wichtigsten Romane deutscher Sprache. Die Modernität des „politischen Romans" liegt nicht zuletzt in seiner Form:

Einerseits auf einem altmodischen märkischen Gut, andrerseits in einem neumodischen gräflichen Hause (Berlin) treffen sich verschiedene Personen und sprechen da Gott und die Welt durch. Alles Plauderei, Dialog, in dem sich die Charaktere geben, und mit ihnen die Geschichte. Natürlich halte ich dies nicht nur für die richtige, sondern sogar für die gebotene Art, einen Zeitroman zu schreiben.
(An A. Hoffmann, Mai/Juni 1897)

5.4 Arbeitsweise

Im Arbeitszimmer ist der Schreibtisch aus poliertem Mahagoniholz das zentrale Möbelstück. Der 186 cm breite, 97 cm tiefe und 80 cm hohe Tisch ist so ausgelegt, dass er im Raum stehen muss, denn an seiner Rückseite befinden sich zahlreiche Schubkästen, in denen der Dichter Materialsammlungen und Manuskripte, in Zeitungspapier eingewickelt, aufbewahrt.

Von dem Augenblicke an, wo mich das starke Gefühl ergreift, „dies ist ein Stoff", ist auch alles fertig, und ich überblick' im Nu und mit dem realen Sicherheitsgefühl, daß ich nirgends stocken werde, Anfang, Höhepunkt und Ende. Was dazwischen liegt, ist, wenn ich mich so ausdrücken darf, dunkel und ahnungsvoll ebenfalls da [...] Und nun schreib' ich zwei Stunden hintereinander weg, und alles steht da. [...] Aber zu dieser äußeren Raschheit meiner Phantasieschöpferkraft gesellt sich leider eine unendlich schwache Treffkraft für den Ausdruck, ich kann das rechte Wort nicht finden. Und so brauch' ich sechs Monate, um eine Arbeit zu vollenden, die ich im Nu konzipierte und in zwei Stunden entwarf.

(*Aus dem Nachlaß. Rudolf Lindau. Ein Besuch*, 1883)

Häufig lässt Fontane Entwürfe jahrelang liegen, ehe er mit deren Ausarbeitung beginnt. Das Manuskript schreibt Emilie Fontane ab, nicht selten ist der Dichter mit dieser Fassung noch nicht zufrieden, er korrigiert erneut und feilt an Formulierungen. Um Papier zu sparen, benutzt er häufig die Rückseiten verworfener Entwürfe erneut als Konzeptpapier. Erst die überarbeitete Reinschrift Emilies dient als Druckvorlage.

Schreibtischutensilien Fontanes

Zander & Labisch
Theodor Fontane an seinem Schreibtisch sitzend, 1894

Unbekannter Fotograf
Emilie Fontane

Theodor Fontane
Spreeland. Der Schermützel.
Blatt 1, Vorder- und Rückseite

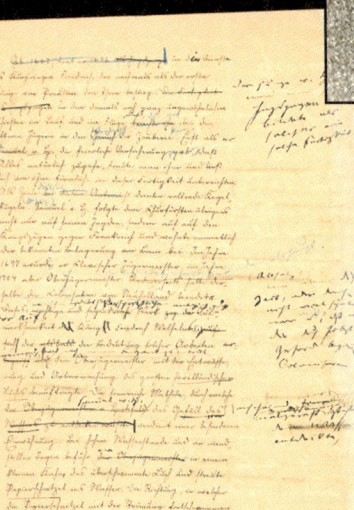
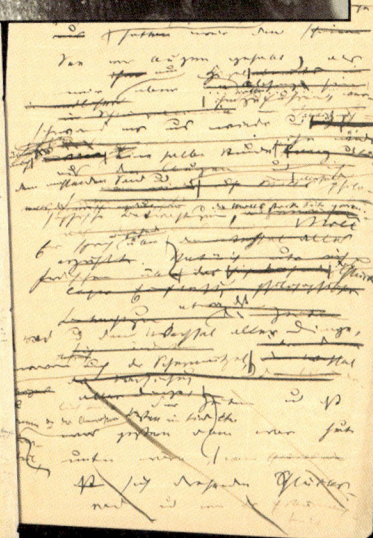

6 Chronik
Der alte Fontane

Carl Breitbach
Porträt Theodor Fontane, 1883

1880 November
Sitzungen für eine Büste bei der Künstlerin Anna von Kahle. Sie schenkt diese Fontane im Januar 1881.

1883 März/April
Sitzungen bei Carl Breitbach für das Gemälde, das vom 3. Mai bis 1. Juli in der *Königlichen Akademie der Künste* ausgestellt wird.

1889
Die *Vossische Zeitung* gewährt Fontane für seine 20-jährige Tätigkeit als Theaterkritiker eine lebenslängliche Pension in Höhe von jährlich 1500 Mark.

1890   **4. Januar**

Der *Verein der Berliner Presse*, die *Literarische Gesellschaft*, die *Vossische Zeitung* und der *Rütli* veranstalten im *Englischen Haus* ein Festbankett zum 70. Geburtstag des Dichters.

September

In Berlin-Lichterfelde wird eine Straße nach Theodor Fontane benannt.

1892   **7. Februar**

Die Eheleute Theodor und Emilie Fontane setzen ihr gemeinsames Testament auf. Sie verfügen u.a., dass nach dem Tod des Letztlebenden eine Nachlasskommission eingesetzt werden soll, der neben der Tochter Martha der befreundete Schriftsteller Paul Schlenther und der Rechtsanwalt Paul Meyer angehören. Sie soll die vorhandenen ungedruckten handschriftlichen Materialien durchsehen und entscheiden, welche Schriftstücke veröffentlicht, welche vernichtet oder welche weiter unveröffentlicht aufbewahrt werden. Über die bereits publizierten Materialien werden keine Festlegungen getroffen.

1893

Hanns Fechner malt ein erstes Ölporträt Fontanes, im Sommer 1894 ein zweites, 1896 ein drittes.

1894   **November**

Anlässlich seines 75. Geburtstages wird Fontane die Ehrendoktorwürde der Berliner Universität verliehen. Vom preußischen Kultusministerium erhält er aus diesem Anlass eine lebenslange Ehrenpension.

1896   **Frühjahr**

Sitzungen bei Max Liebermann für eine Kreidezeichnung, eine Kreideskizze und eine Lithographie.

1898   **20. September**

Abends, kurz vor 9 Uhr stirbt Theodor Fontane in seiner Wohnung.

24. September

Beerdigung auf dem Friedhof der Französisch-Reformierten Gemeinde in der Liesenstraße.

Nach dem Tode ihres Mannes sichtet und ordnet Emilie Fontane die vorhandenen Schriftstücke, verbrennt Briefe aus der Verlobungszeit. Sie vernichtet aber nur Texte, die sie aus persönlichen Gründen nicht publiziert sehen will. In Briefen enthaltene Gedichte schneidet sie aus oder schreibt sie ab, häufig verschenkt sie diese später.

1899
Ernst Friedel, Direktor des Märkischen Provinzial-Museums, veranlasst, am Haus Potsdamer Straße 134c eine Gedenktafel für den Dichter anzubringen und bekundet damit sein Interesse an der Übernahme des Dichternachlasses.

1902   **18. Februar**
Tod Emilie Fontanes in ihrer Wohnung in der Elßholtzstraße 17.

März
Übergabe des Schreibtisches mit den darin aufbewahrten Manuskripten der zu Lebzeiten des Dichters erschienenen Werke an das Märkische Provinzial-Museum.

Die Nachlasskommission nimmt ihre Tätigkeit auf. Dr. Paul Schlenther, der als Direktor des Burgtheaters in Wien tätig ist, setzt als seinen Vertreter Dr. Otto Pniower ein, den späteren Direktor des Märkischen Museums.

1907   **6. Juni**
Einweihung des Fontane-Denkmals von Max Wiese in Neuruppin.

1910   **7. Mai**
Einweihung des Fontane-Denkmals von Max Klein im Berliner Tiergarten.

1916/17
Mit dem Tod von Schlenther und Martha Fritsch-Fontane ist das Wirken der Kommission beendet, Theodor jr. und Friedrich Fontane verwalten und archivieren die noch unveröffentlichten Materialien ihres Vaters und stellen sie Wissenschaftlern zur Verfügung.

1928   **Dezember**
Die Schutzfrist für die Werke Fontanes läuft aus, somit hat die Familie keinen Anspruch mehr auf Zahlung von Tantiemen. Die Söhne sehen sich gezwungen, die gesamte Sammlung, deren geschätzter Wert ca. 100 000 Reichsmark beträgt, zu verkaufen.

1933   **9. Oktober**
Ein Teil des handschriftlichen Nachlasses wird im Auktionshaus Hellmut Meyer & Ernst in Berlin versteigert; die Auktion bringt den Erben einen Reingewinn von 8283 Reichsmark. Auf späteren Auktionen werden wiederholt Materialien aus dem Nachlass angeboten und bringen noch-

mals einen Erlös von insgesamt 7323 Reichsmark. Die „unverkäuflichen Materialien" werden von den Erben zurückgenommen.

1935 — 18. Dezember
Verkauf des Restnachlasses an die Brandenburgische Provinzialverwaltung und Gründung des Theodor-Fontane-Archivs.

1945
Vernichtung erheblicher Teile des Nachlasses durch Kriegseinwirkung.

1947
Verleihung des ersten Fontane-Preises an Hermann Kasack.

1959 – 1975
Erscheinen der ersten Gesamtausgabe in der *Nymphenburger Verlagshandlung*, München: 24 Bände in drei Abteilungen.

1962 – 1997
Erscheinen der zweiten Gesamtausgabe im *Carl Hanser Verlag*, München, mit der ersten repräsentativen Briefausgabe: 22 Bände in vier Abteilungen.

1969/89
Erscheinen der dritten Gesamtausgabe im *Aufbau-Verlag*, Berlin und Weimar. Nach der Veröffentlichung von 22 Bänden in vier Abteilungen wird diese 1989 in die vierte Gesamtausgabe überführt, in die *Große Brandenburger Ausgabe*.

1990 — 15. Dezember
Gründungsfeier der *Theodor Fontane Gesellschaft*.

1994
Erstveröffentlichung aller erhaltenen *Tagebücher* im Rahmen der *Großen Brandenburger Ausgabe*.

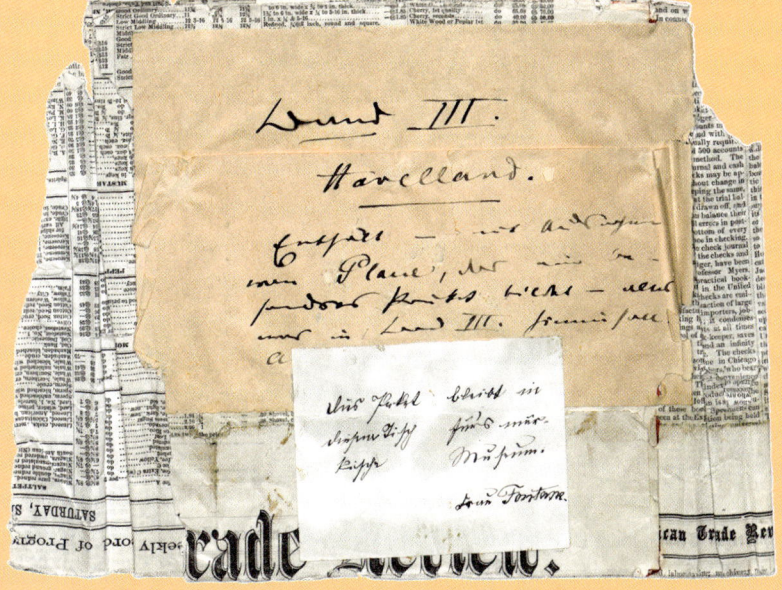

Theodor Fontane
Banderole für das Manuskript *Wanderungen durch die Mark Brandenburg. Havelland*, zusammengeklebt aus: American Trade Review. Vol. XII. No. 35., 1872

6.1 Alterslyrik

Von frühester Jugend bis in seine letzten Lebenstage schreibt Fontane Gedichte. So sehr er an seinem Nachruhm als Schriftsteller zweifelt, so tief ist seine Überzeugung, dass von seinen Gedichten manches bleiben wird. Berühmt geworden sind Balladen wie *Archibald Douglas* (1856), *Die Brück am Tay* (1879), *John Maynard* (1885), *Herr von Ribbeck auf Ribbeck im Havelland* (1889).

Das Gedichtwerk, das durchaus widersprüchlichen Charakter trägt, ist breit gefächert, es reicht von der Vormärzlyrik bis zu den Preußenliedern, vom Romanzenzyklus bis zur lapidaren Spruchdichtung.

Fontanes späte Lyrik entsteht neben dem epischen Alterswerk und steht dabei in unmittelbarer Verbindung mit ihm. Sie reflektiert in zurückgenommener, oft bis zum Unscheinbaren verdichteter Weise existentielle Probleme und Erfahrungen.

Was mir gefällt

Du fragst: „ob mir in dieser Welt
Überhaupt noch was gefällt?"
Du fragst es und lächelst spöttisch dabei.
„Lieber Freund, mir gefällt noch allerlei:
Jedes Frühjahr das erste Tiergartengrün,
Oder wenn in Werder die Kirschen blühn,
Zu Pfingsten Kalmus und Birkenreiser,
Der alte Moltke, der alte Kaiser,
Und dann zu Pferd, eine Stunde später,
Mit dem gelben Streifen der ‚Halberstädter';
Kuckucksrufen, im Wald ein Reh,
Ein Spaziergang durch die Läster-Allee,
Paraden, der Schapersche Goethekopf
Und ein Backfisch mit einem Mozartzopf."

(Gedicht, 1889)

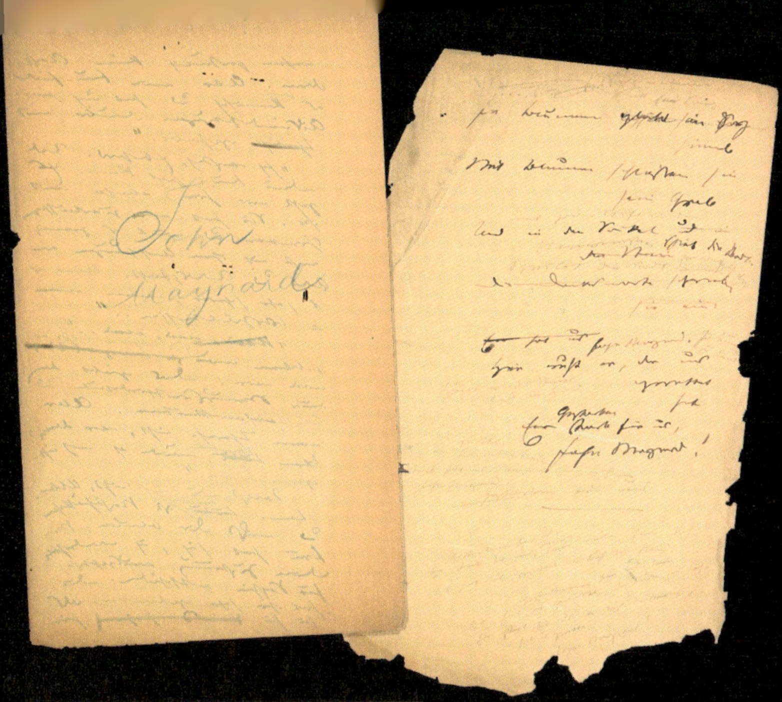

Theodor Fontane
John Maynard, Gedichtentwurf, 1885

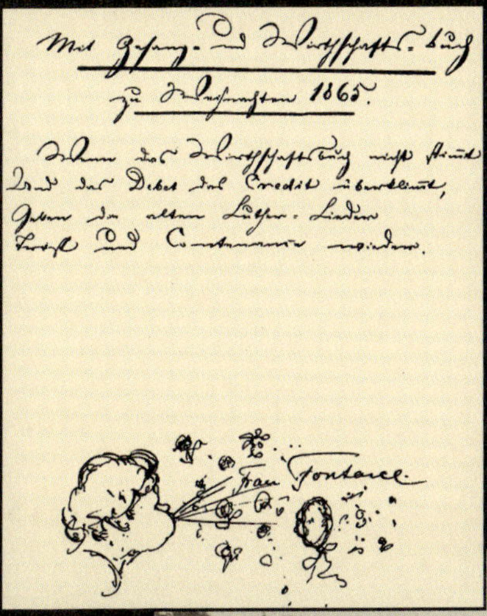

Mit Gesang- und Wirthschafts-Buch
zu Weihnachten 1865.

Wenn das Wirthschaftsbuch nicht stimmt
Und das Debet das Credit überklimmt,
Geben die alten Luther-Lieder
Trost und Contenance wieder.

Frau Fontane

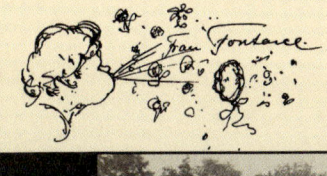

Theodor Fontane
Mit Gesangs- und Wirtschaftsbuch, Gelegenheitsgedicht, 1865

Georg Bartels
Thiergartenallee mit Blick Richtung Siegessäule, 1902

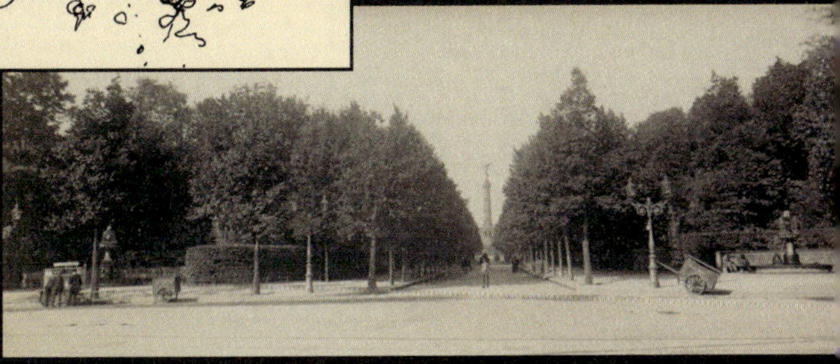

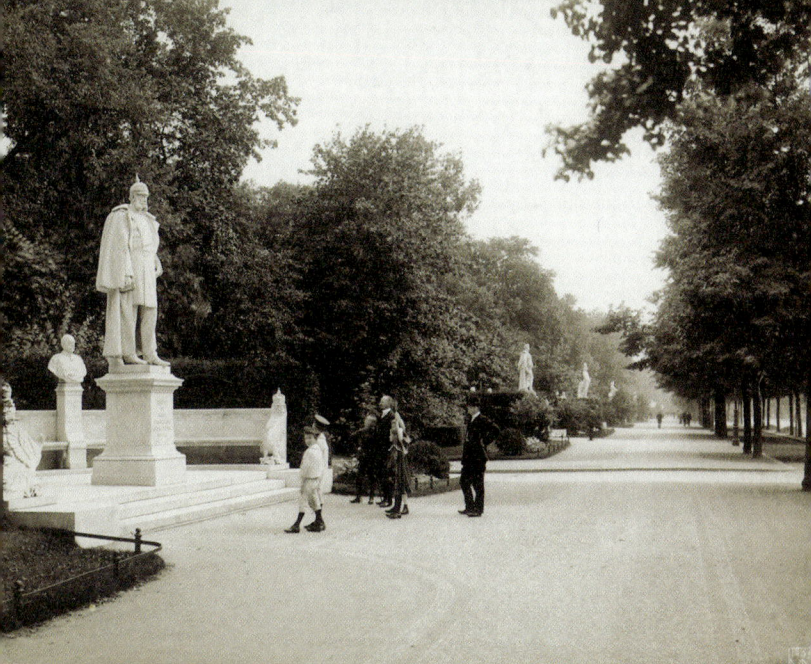

Max Missmann
Thiergartenallee, 1905

6.2 Autobiographisches

Summa Summarum
Eine kleine Stellung, ein kleiner Orden
(Fast wär ich auch mal Hofrat geworden),
Ein bißchen Namen, ein bißchen Ehre,
'ne Tochter „geprüft", ein Sohn im Heere,
Mit 70 'ne Jubiläumsfeier,
Artikel in Brockhaus und in Meyer.
Altpreußischer Durchschnitt.
  Summa Summarum,
Es drehte sich alles um Lirum Larum,
Um Lirum, Larum Löffelstiel,
Alles in allem, es war nicht viel.
(Gedicht, 1892 – 98)

Auch als Erzähler persönlicher Erlebnisse tritt Fontane immer wieder hervor. Er verfasst berichtähnliche Tagebuchaufzeichnungen, publiziert Feuilletons, die einen autobiographischen Hintergrund haben, veröffentlicht Reisebücher und -briefe. Selbst einige Teile der Wanderungs-Kapitel sind deutlich autobiographisch geprägt. Zahlreiche Gedichte besitzen autobiographischen Aussagewert, besonders die Alterslyrik, die Einblick in Fontanes Gefühlswelt gibt.

Die autobiographischen Darstellungen *Meine Kinderjahre* und *Von Zwanzig bis Dreißig* zeigen den Autor häufig nur als Miterlebenden und nicht zwingend als Hauptfigur. Die als Buchpublikation geplanten und ausgeführten autobiographischen Romane entstehen in unmittelbarem Zusammenhang mit den Werken *Effi Briest* und *Der Stechlin*.

Fontane plante noch weitere autobiographische Schriften, zu seinen Schul- und zu seinen Kritikerjahren. Im geplanten Zeitroman *Allerlei Glück*, der der *Roman seines Lebens* werden sollte, wollte er seine Zeit als Akademiesekretär thematisieren und vermitteln: es gibt *vielerlei Glück*. Die Projekte führte Fontane entweder nicht mehr aus oder sie blieben Fragment.

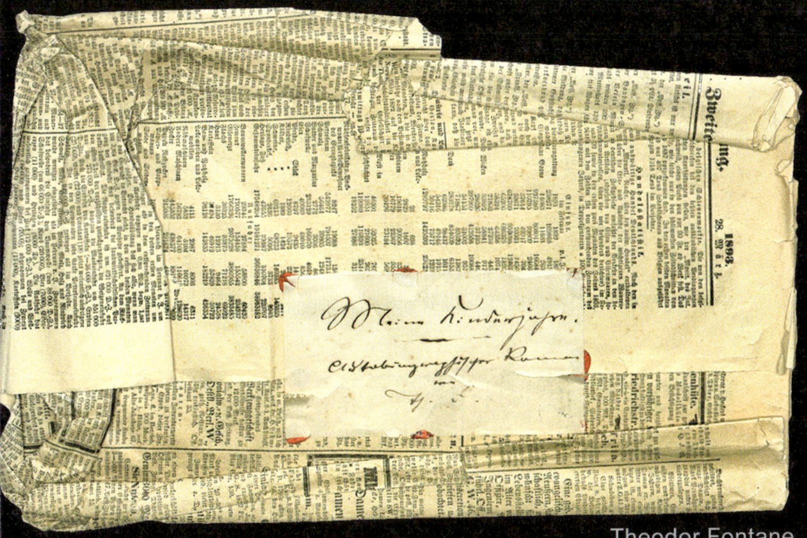

Theodor Fontane
Banderole für das Manuskript *Meine Kinderjahre*, zusammengeklebt aus: *Zweite Beilage der Vossischen Zeitung*, Nr. 147, 28. März 1893

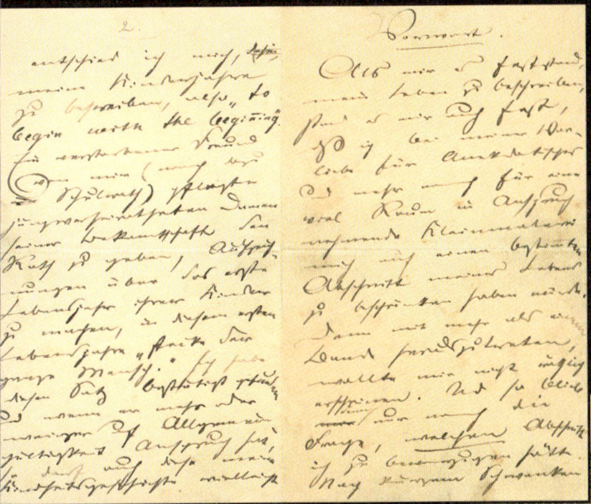

Theodor Fontane
Banderole für das Manuskript *Von Zwanzig bis Dreißig*, zusammengeklebt aus: *Dritte Beilage zur Vossischen Zeitung*, Nr. 75, 14. Februar 1895

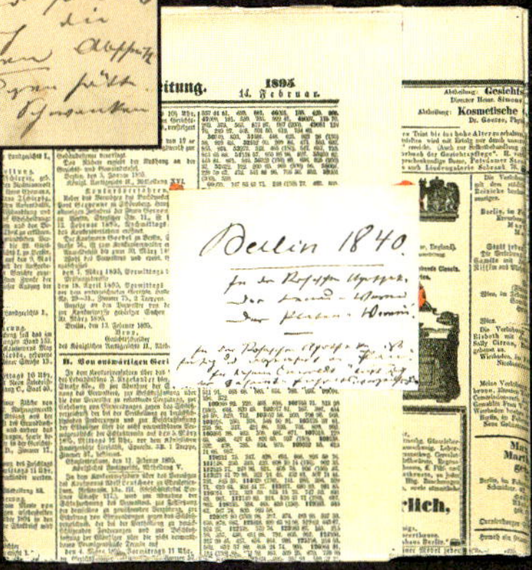

Theodor Fontane
Meine Kinderjahre, Vorwort, 1893

Theodor Fontane
Von Zwanzig bis Dreißig, Berlin, F. Fontane & Co., o.J.

Theodor Fontane.
(Nach einer Kreidezeichnung von Maler Kersting-Dresden, ca. 1843.)

Theodor Fontane

Von Zwanzig bis Dreißig

Autobiographisches

7. Tausend

Mit 41 Bildern und 1 Faksimile

Berlin
F. Fontane & Co.

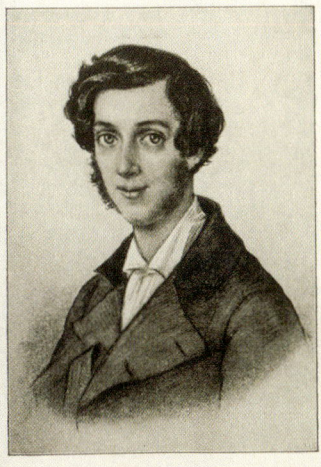

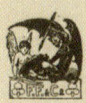

6.3 Das Briefwerk

Fontane versteht es ausgezeichnet zu unterhalten. Dank seiner Liebenswürdigkeit, seines Charmes und seiner Redseligkeit steht er im Mittelpunkt des Freundeskreises. Er bezeichnet sich selbst als *Plaudertasche*, was sich in vielen Briefen widerspiegelt.

[...] in meinem eigensten Herzen bin ich geradezu Briefschwärmer und ziehe sie, weil des Menschen Eigenstes und Echtestes gebend, jedem andern historischen Stoff vor.
(An H. Fechner, 3.5.1889)

Fontane führt sein Leben lang mit Verlegern, Redakteuren und anderen einen ausgedehnten Schriftverkehr, der die Entstehung seines dichterischen Werkes begleitet. Die Briefe bezaubern und provozieren durch ihren Mut zu persönlichem Ausdruck, Humor und Charme.
Besonders die Altersbriefe tragen dazu bei, dem Romanwerk einen gesellschaftspolitisch schärferen Kontext zu geben. Vermutlich verfasst Fontane in seinem Leben etwa 11 000 Briefe, von denen aber nur etwa die Hälfte erhalten geblieben ist. Schon früh kam es zu ersten Verlusten. So vernichtete Emilie Fontane nach dem Tod ihres Mannes alle an sie gerichteten Brautbriefe.
Seinen Freund Lepel hatte Fontane aufgefordert, *schreibe lange u. gute Briefe, auf daß sie gesammelt werden* (23.7.1851). Einige wichtige Korrespondenzen blieben ganz oder doch zum überwiegenden Teil erhalten, wie die für den späten Fontane so enthüllenden Briefe an Friedlaender und die Briefwechsel mit seinen Freunden Lepel und Heyse. Auch zahlreiche der menschlich bewegendsten Briefe an seine Frau und seine Familie sind erhalten und publiziert.

Briefe Theodor Fontanes, Zweite Sammlung, Herausgegeben von Otto Pniower und Paul Schlenther, Berlin, F. Fontane & Co., o.J.

Theodor Fontane

Brief an Theodor Storm, [17.]10. 1853

Theodor Fontane

Brief an Adele Sonnenthal, 31.12.1894

Vierzig Jahre. Bernhard v. Lepel an Theodor Fontane Herausgegeben von Eva A. v. Arnim, Berlin F. Fontane & Co., 1910

Der alte Fontane

6.4 Potsdamer Straße 134c

Meine Reiselust
Zuletzt dann vorbei an der Bismarckpforte
Kehr heim ich zu meinem alten Orte,
Zu meiner alten Dreitreppen-Klause,
Hoch im Johanniterhause. –
Schon seh ich grüßen, schon hör ich rufen –
Aber noch 75 Stufen.
(Aus dem Gedicht, 1895)

1872 beziehen die Fontanes mit der Tochter Mete und dem Sohn Friedel die Vier-Zimmer-Wohnung in der dritten Etage Potsdamer Straße 134c. Das Haus mit dem kleinen Vorgarten gehört dem Johanniterorden und liegt in einer Häuserzeile auf der Ostseite der Straße, zwischen Eichhornstraße und Potsdamer Platz. Schon siebenmal war Fontane mit seiner Familie umgezogen, immer innerhalb des Zentrums der Stadt – nun wird er bleiben.

Bis zum Abriss der Stadtmauer 1866/67 lag das Gebiet westlich der heutigen Ebert- und Stresemannstraße noch vor den Toren Berlins. Doch nach der Reichsgründung 1871 entwickelt sich dieser Teil der Stadt in atemberaubender Geschwindigkeit zu deren Mittelpunkt. Fontane erlebt den Wandel hautnah mit und beobachtet ihn mit großer Neugier. Hier entstehen die Gesellschaftsromane, hier wird er der *Große Alte*, wie ihn seine Freunde nennen.

Auf Betreiben der Direktion des Märkischen Provinzial-Museums wird nach Fontanes Tod eine Tafel zum Gedenken an den Dichter angefertigt und bereits 1899 an dem Gebäude angebracht. 1906 wird das Haus abgerissen. An seiner Stelle entsteht ein neues Geschäftshaus, das im Zweiten Weltkrieg von Bomben zerstört wird.

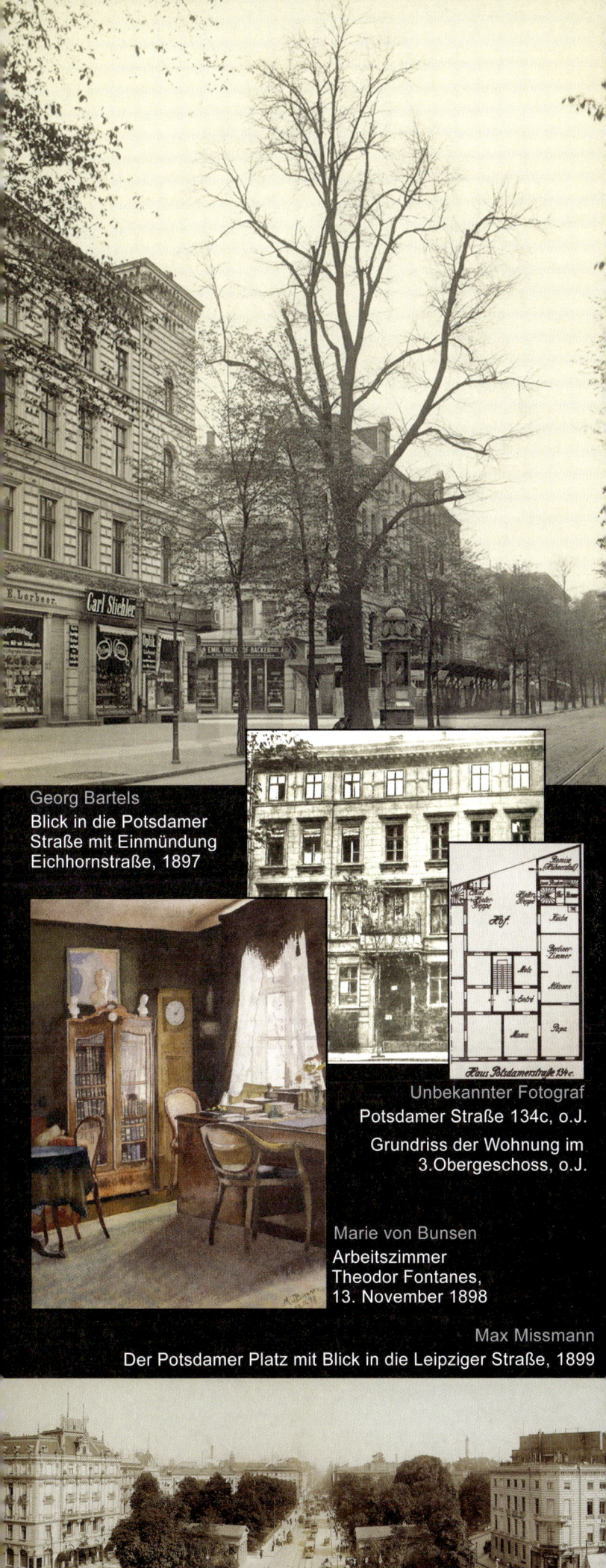

7 Friedhof Liesenstraße

Leben

Leben; wohl dem, dem es spendet
Freude, Kinder, täglich Brot,
Doch das Beste, was es sendet,
Ist das Wissen, daß es endet,
Ist der Ausgang, ist der Tod.

Am 20. September 1898, abends neun Uhr, stirbt der Dichter Theodor Fontane in seiner Berliner Wohnung. Sonnabend, den 24. September wird er auf dem Friedhof der Französisch-Reformierten Gemeinde zu Grabe getragen. Nach der Trauerfeier spricht Karl Frenzel, der Kritiker der *Nationalzeitung*, die Worte am Grab. Die Berliner Tagespresse berichtet von einer glänzenden Trauerversammlung, die seit Jahren so nicht mehr stattgefunden habe.

Die Kapelle konnte kaum den vierten Theil der Erschienenen fassen, sie war lange vor der auf elf Uhr angesagten Feier überfüllt. Einige Minuten vorher begann denn auch der Traueract vor dem blumenüberhäuften Sarge, vor dem die nächsten Angehörigen Fontane's Platz genommen hatten. Alles was in Berlin zur Literatur gehört, war zur Trauerfeier erschienen.

(Berliner Börsen-Courier, 24.9.1898)

1945 werden die beiden Grabsteine Theodor und Emilie Fontanes durch einen Granattreffer stark beschädigt. Das Französische Konsistorium lässt diese durch einen gemeinsamen Stein aus schwedischem Granit ersetzen. Der Friedhof an der Liesenstraße befindet sich in den Jahren von 1961 bis 1989 im Sperrgebiet der geteilten Stadt und ist deshalb nur schwer zugänglich. Nach dem Fall der Mauer wird die stark verwitterte Grabstätte auf Initiative des Theodor-Fontane-Archivs in einen würdigen Zustand versetzt. Fontanes Ruhestätte gehört heute zu den Ehrengräbern der Stadt Berlin.

Unbekannter Fotograf
Die Gräber Theodor und Emilie Fontanes, nach 1902

Rezeption

Es ist etwas unbedingt Zauberhaftes um seinen Stil und namentlich um den seiner alten Tage […]. Mir persönlich wenigstens sei das Bekenntnis erlaubt, daß kein Schriftsteller der Vergangenheit oder Gegenwart mir die Sympathie und Dankbarkeit, dies unmittelbare und instinktmäßige Entzücken, diese unmittelbare Erheiterung, Erwärmung, Befriedigung erweckt, die ich bei jedem Vers, jeder Briefzeile, jedem Dialogfetzchen von ihm empfinde.
Th. Mann, 1910

Was diesen Mann uns unvergleichlich macht, das ist – wie bei Goethe – die Luft, in der er lebte und die er atmete.
K. Tucholsky, 1919

Der moderne Roman wurde für Deutschland erfunden, verwirklicht, auch gleich vollendet von einem Preußen, Mitglied der französischen Kolonie, Theodor Fontane.
H. Mann, 1948

Wie kommt es, daß der Stern dieser Kunst noch immer strahlt, daß die Romane aus einer vergangenen Epoche uns noch immer zu Tränen rühren?
Günter de Bruyn, 1970

Theodor Fontane gilt heute als großer europäischer Schriftsteller, der mit Werken wie Effi Briest Weltliteratur schrieb. Er gehört zu den meist gelesenen deutschsprachigen Autoren der zweiten Hälfte des 19. Jahrhunderts. Besondere Aufmerksamkeit finden neben den Balladen und Wanderungen durch die Mark Brandenburg die Berliner Gesellschaftsromane und die Briefeditionen. Fast alle Erzählwerke sind verfilmt worden, einige sogar mehrfach, verschiedene wurden dramatisiert und stehen auf den Spielplänen zahlreicher Theater.

Hans Fechner
Bildnis Theodor Fontane, 1896

Zum Geleit

Theodor Fontane wurde 1898 auf dem Friedhof Liesenstraße der Französisch-Reformierten Gemeinde in einem Doppelgrab beerdigt, das vier Jahre später auch die sterblichen Reste seiner Frau Emilie aufnahm.
Fontanes Mutter, wie der Vater Spross hugenottischer Zuwanderer, hatte in der Familie mit Stolz ihr *Genfertum* hochgehalten und ihre Kinder im calvinistisch-reformierten Bekenntnis erzogen. Es ist deshalb kein Wunder, dass die Trauung Theodor Fontanes mit Emilie Rouanet-Kummer in der Berliner Hugenottengemeinde stattfand, ihre Kinder hier die Taufe empfingen und dass das Paar lebenslange Freundschaften mit einigen Persönlichkeiten der Gemeinde unterhielt.
Seine im Laufe des Lebens wachsende Distanz zu allen Autoritäten in Staat und Gesellschaft hat ihn auch zur Hugenottengemeinde mehr und mehr auf Abstand gehen lassen – ungeachtet seiner Beiträge zu besonderen Gemeindefesten – wie dem 200. Jubiläum des Edikts von Potsdam, 1885. - Dennoch war es nicht nur dem Herkommen und der Tradition geschuldet, dass seine Hinterbliebenen gerade den Friedhof der Hugenottengemeinde als Begräbnisort bestimmten.
In den letzten Apriltagen 1945 ist die Doppelgrabstätte Fontane durch einen Artillerietreffer zerstört, das Grab 1946 aus Mitteln der Französischen Kirche in einfacherer Form wieder hergestellt worden. Seit dem Bau der Mauer war der unmittelbar an der Sektorengrenze zwischen Ost- und Westberlin gelegene Friedhof nicht mehr allgemein zugänglich; durch Ausbau der Grenzanlagen wurde die Hälfte des Friedhofs samt der dort gelegenen Gräber zerstört; das Grab Fontane befand sich – dem Zufall sei Dank - im verschonten Teil des Friedhofs. Heinz Knobloch hat 20 Jahre später beschrieben, wie umständlich und langwierig es war, für einen Besuch des Fontanegrabes die erforderlichen Genehmigungen zu erhalten (Heinz Knobloch: *Wanderung zu Fontanes Grab*, Zeitschrift *Sinn und Form* Mai/Juni 1981).
Seit 1990 wurde der Friedhof schrittweise wieder zugänglich, schließlich die durch die Grenzanlagen in Anspruch genommene Fläche an die Kirche zurückgegeben, freigemacht und ihre Einfriedung zur Liesen-

straße wiederhergestellt.

Der jüngste Bauabschnitt der Wiederherstellungsarbeiten konnte – dank großzügiger Förderung durch die Stiftung Deutsche Klassenlotterie – am 20.09.2010 mit der Einweihung der neu geschaffenen Theodor-Fontane-Gedenkstätte glücklich abgeschlossen werden. Diese wurde in der restaurierten ehemaligen Sarghalle am Ende der ebenfalls wieder hergestellten Hauptallee eingerichtet, nur wenige Schritte vom Grab Fontanes entfernt. Nach dem Städtischen Museum Neuruppin und dem Fontane-Archiv in Potsdam hat damit auch Berlin endlich eine kleine, aber feine Gedenkstätte erhalten. Die Französische Kirche zu Berlin als Bauherr hat sich gern in die Pflicht nehmen lassen, diese Gedenkstätte auf ihrem Friedhof Besuchern offen zu halten und zu pflegen.

Wir sind den Gestaltern dieser Gedenkstätte zu großem Dank verpflichtet:

Frau Azemina Bruch, die die Wiederherstellung der historischen Elemente des Friedhofs betreut hat und unter deren Regie die Halle instand gesetzt und für ihre neue Zweckbestimmung hergerichtet wurde;

Frau Bettina Machner, die die Texte erarbeitet und das Bildmaterial beschafft hat;

Herrn Andreas Neumann, der die Dauerausstellung in der Gedenkstätte gestaltet hat.

Zugleich gilt unser Dank vielen beteiligten Personen in Verwaltungen und Institutionen, die dieses Werk unterstützt haben, insbesondere:

Herrn Staatssekretär André Schmitz, Senatsverwaltung für Kulturelle Angelegenheiten,

Frau Dr. Franziska Nentwig, Generaldirektorin der Stiftung Stadtmuseum Berlin,

Herrn Dr. Klaus von Krosigk, stellv. Landeskonservator und Chef der Gartendenkmalpflege Berlin.

Die Wiederherstellung des Friedhofs ist noch nicht beendet: Neben einer ansprechenden Neugestaltung der abgeräumten, leeren Fläche der früheren Grenzanlagen ist die weitere Restaurierung historischer Grabstellen bedeutender Persönlichkeiten notwendig. Hierzu gehört auch die Wiederherstellung des Fontane-Doppelgrabs in seiner ursprünglichen Gestalt.

Hans Jörg Duvigneau
Mitglied des Consistoriums der
Französischen Kirche zu Berlin

Abbildungsnachweis

Umschlag	Max Missmann, Standbild Theodor Fontane im Tiergarten, 1910	Stadtmuseum Berlin
Seite 2	Max Liebermann...	Stadtmuseum Berlin
Seite 6/7	Zander & Labisch...	Stadtmuseum Berlin
Seite 8	Unbekannter Künstler...	Theodor-Fontane-Archiv Potsdam
Seite 11	Kirchenbuch...	Evangelische Gemeinde Neuruppin
Seite 13	F. Albert Schwartz...	
	Heinrich IV....	
	Die in der Stadt...	
	König Friedrich II....	
	Apotheose...	Stadtmuseum Berlin
Seite 15	Johann Gabriel Poppel...	Stadtmuseum Berlin
	Pierre Barthèlemy Fontane...	
	Helmut Raetzer...	Theodor-Fontane-Archiv Potsdam
	Unbekannter Künstler nach Carl Zopf...	Stadtmuseum Berlin
Seite 17	Friedrich Rosmäßler, Das...	Stadtmuseum Berlin
	Unbekannter Fotograf...	Theodor-Fontane-Archiv Potsdam
	Geschichtenbuch...	Staatsbibliothek zu Berlin
	Friedrich Rosmäßler, Der...	Stadtmuseum Berlin
Seite 19	Eduard Gaertner...	
	Reinhart Jähns...	
	F. Albert Schwartz...	
	Gustav Taubert...	Stadtmuseum Berlin
Seite 20	Herrmann Karl Kersting...	Privatbesitz
Seite 23	Eduard Gaertner...	Stadtmuseum Berlin
Seite 25	Apotheke zum Schwan...	Stadtmuseum Berlin
	Theodor Fontane....	Theodor-Fontane-Archiv Potsdam
	Lehrzeugnis Theodor Fontane...	Theodor-Fontane-Archiv Potsdam
Seite 27	Robert Reyher...	
	Unbekannt...	Stadtmuseum Berlin
	Theodor Fontane...	Theodor-Fontane-Archiv Potsdam
	Ludwig Elsholtz...	Stadtmuseum Berlin
Seite 29	Georg Bartels...	Stadtmuseum Berlin
	A. Henning...	
	Loescher & Petsch, Martha Fontane...	Staatsarchiv Coburg
	Loescher & Petsch, Friedrich und...	Theodor-Fontane-Archiv Potsdam
	Loescher & Petsch, Friedrich Fontane...	Staatsarchiv Coburg
	Emilie Fontane, Haushaltsbuch...	Theodor-Fontane-Archiv Potsdam
	Th. Hillwig...	Privatbesitz
Seite 31	August von Rentzell...	
	Hugo von Blomberg..., Links zwei Herren...	
	Hugo von Blomberg..., Links militärisch...	Stadtmuseum Berlin
	Hugo von Blomberg, Sitzung der...	Theodor-Fontane-Archiv Potsdam
Seite 32	Joseph Schneider...	Stadtmuseum Berlin
Seite 35	Adolph Menzel...	Stadtmuseum Berlin
Seite 37	H. Winkles...	
	Theodor Fontane, *Walter Scott*...	
	Unbekannter Künstler...	
	Theodor Fontane, *Aus England und*...	Stadtmuseum Berlin
Seite 39	Carl Graeb...	
	Loescher & Petsch...	Stadtmuseum Berlin
	Theodor Fontane, Aufzeichnungen...	Staatsbibliothek zu Berlin
	Theodor Fontane, Theaterkritik...	Theodor-Fontane-Archiv Potsdam
Seite 41	Ludwig Burger...	Theodor-Fontane-Archiv Potsdam
	Theodor Fontane...	Staatsbibliothek zu Berlin
	Unbekannter Fotograf...	Theodor-Fontane-Archiv Potsdam
	A. Müller-Schönhausen...	Stadtmuseum Berlin

Seite 43	Unbekannter Fotograf...	Stadtmuseum Berlin
	Theodor Fontane, *Tagebuch*...	Theodor-Fontane-Archiv Potsdam
	Hans Herrmann...	Stadtmuseum Berlin
	Theodor Fontane, *Wie sich meine einen*...	Theodor-Fontane-Archiv Potsdam
Seite 44	Loescher & Petsch...	Theodor-Fontane-Archiv Potsdam
Seite 47	Eduard Gaertner...	Stadtmuseum Berlin
Seite 49	Unbekannter Künstler, *Ansicht des*...	Stadtmuseum Berlin
	Theodor Fontane...	Staatsbibliothek zu Berlin
	Carl Friedrich Schulz...	Stadtmuseum Berlin
	Unbekannter Künstler nach Karl Friedrich...	Stadtmuseum Berlin
Seite 51	Rudolph Schultze...	
	Theodor Fontane...	
	Walter Leistikow...	Stadtmuseum Berlin
Seite 53	August von Heyden...	Theodor-Fontane-Archiv Potsdam
	Nach Th. Heinicke...	
	Grabstein...	
	Friedrich Kaiser, *Der Große*...	Stadtmuseum Berlin
Seite 55	Friedrich Kaiser, *Das Tempo*...	
	Anonym...	Stadtmuseum Berlin
	Theodor Fontane...	Theodor-Fontane-Archiv Potsdam
	Eduard Gaertner...	Stadtmuseum Berlin
Seite 56	Julius Cornelius Schaarwächter...	Landesarchiv Berlin
Seite 59	Carl Ferdinand Koch...	Stadtmuseum Berlin
Seite 61	Theodor Fontane, *Vor dem Sturm*...	Theodor-Fontane-Archiv Potsdam
	Theodor Fontane, *Irrungen Wirungen*...	
	Max Liebermann...	
	Theodor Fontane, Vorarbeit zu Quitt...	Stadtmuseum Berlin
Seite 63	Max Liebermann...	
	Theodor Fontane, Vorarbeiten...	
	Wilhelm Amberg...	Stadtmuseum Berlin
Seite 65	Theodor Delius...	Stadtmuseum Berlin
	Theodor Fontane, *Der Stechlin*...	Theodor-Fontane-Archiv Potsdam
	Theodor Fontane, Vorarbeit zu *Der Stechlin*...	Stadtmuseum Berlin
	Theodor Fontane, *Stechlin*, Vorabdruck...	Theodor-Fontane-Archiv Potsdam
Seite 67	Schreibtischutensilien...	
	Zander & Labisch...	Stadtmuseum Berlin
	Unbekannter Fotograf, Emilie...	Theodor-Fontane-Archiv Potsdam
	Theodor Fontane, *Spreeland*...	Stadtmuseum Berlin
Seite 68	Carl Breitbach...	Privatbesitz
Seite 71	Theodor Fontane, Banderole...	Stadtmuseum Berlin
Seite 73	Theodor Fontane, *John Maryland*...	Stadtmuseum Berlin
	Theodor Fontane, *Mit Gesangs und*...	Theodor-Fontane-Archiv Potsdam
	Georg Bartels...	
	Max Missmann...	Stadtmuseum Berlin
Seite 75	Theodor Fontane, Banderole für das Manuskript *Meine Kinderjahre*...	
	Theodor Fontane, *Meine Kinderjahre*...	
	Theodor Fontane, Banderole für das Manuskript *Von Zwanzig bis Dreißig*...	
	Theodor Fontane, *Von Zwanzig bis Dreißig*...	Stadtmuseum Berlin
Seite 77	*Briefe Theodor Fontane*...	
	Theodor Fontane, Brief an Adele Sonnethal...	Stadtmuseum Berlin
	Theodor Fontane, Brief an Theodor Storm...	Schleswig Holsteinische Landesbibliothek Kiel
	Vierzig Jahre Bernhardt von Lepel...	Stadtmuseum Berlin
Seite 79	Georg Bartels...	
	Unbekannter Fotograf... und Grundriss...	
	Marie von Bunsen...	
	Max Missmann	Stadtmuseum Berlin
Seite 81	Unbekannter Fotograf...	Theodor-Fontane-Archiv Potsdam
Seite 83	Hans Fechner...	Stadtmuseum Berlin

Theodor Fontane Gesellschaft e.V.

Am 15. Dezember 1990 wurde in Potsdam die „Theodor Fontane Gesellschaft" als literarische Vereinigung gegründet. Sie hat ihren Sitz in Neuruppin, der Geburtsstadt Theodor Fontanes.

Die Gesellschaft will Wissenschaftler sowie Literaturliebhaber zusammenführen, um in vielfältiger Weise die Beschäftigung mit Leben und Werk Fontanes zu pflegen und zu fördern.

Werden Sie Mitglied!
Eine Postkarte oder Email genügt:

Theodor Fontane Gesellschaft e.V.
Postfach 1547
D – 16803 Fontanestadt Neuruppin
Email: Fontane-Gesellschaft@t-online.de
Tel./Fax: (03391) 65 27 72/73

Weitere Informationen unter:
www.fontane-gesellschaft.de